# Woolly Hugs

# HOODIES STRICKEN

## Pullis, Jacken, Westen, Capes
## in tollen Mustern & Farben

# INHALT

SEITE

WICKELPULLOVER MEERESRAUSCHEN ● 6

ZIPFELPULLUNDER FLIEDERDUFT ● 10

KAPUZENCAPE BRETAGNE ● 13

KAPUZENPULLI DRUIDENZAUBER ● 16

NORWEGER-PONCHO STERNENREIGEN ● 20

PULLOVER MEGA HYGGE ● 23

LONGPULLI VIENNA ● 26

KAPUZENJACKE HIGHLANDS ● 30

LONGWESTE INDIAN SUMMER ● 33

KAPUZENPULLI KIMONO ● 36

PONCHO HELSINKI ● 40

HOODIE CASUAL STYLE ● 44

KAPUZENMANTEL STOCKHOLM ● 48

KAPUZENPULLI HAMBURG ● 52

SEELENWÄRMER WOLKENTRAUM ● 55

ZOPFPULLI SALZBURG ● 57

GRUNDKURS STRICKEN 60

IMPRESSUM 62

# LIEBE STRICK-FANS!

Die Kapuze ist wieder zurück und was man früher salopp „Kapuzenpulli"
nannte, nennt sich jetzt „Hoodie". Die top-aktuellen Modelle kommen mit
ganz hohen Kragen oder eben mit Kapuze daher, und wir freuen uns riesig
und heißen den geliebten Klassiker willkommen. Denn wie kein anderes
Kleidungsstück stehen Hoodies für Gemütlichkeit und Wellness und sind
dabei auch richtig modetauglich. Entsprechend kombiniert passen sich die
kuscheligen und sportlichen Begleiter jedem Fashion-Trend an und werden
somit zum Allround-Talent.

Deshalb gehören Hoodies in jeden Kleiderschrank – und wie man sie selbst
stricken kann, verrate ich auf den nächsten Seiten. So verschieden sie sind,
sie bieten alle ungeahnte Styling-Möglichkeiten. Von einfachen Mustern und
Schnitten bis hin zu aufwändigeren Modellen mit Zopfmuster und Raglanär-
meln ist alles dabei.

Bei der Auswahl der Woolly Hugs-Garne habe ich auf Vielseitigkeit Wert gelegt,
um euch zu zeigen, dass sich Hoodies mit den unterschiedlichsten Materialien
umsetzen lassen und so immer wieder neu zur Geltung kommen.

Ich wünsche euch viel Spaß beim Kuscheln und Kombinieren.

Vielleicht möchtet ihr mir eure Werke auf facebook zeigen?
Alle Infos findet man auf meiner Homepage www.VeronikaHug.com

# MEERESRAUSCHEN

**WICKELPULLOVER, GRÖSSE: 36–38 (44–46)**

**Hinweis:** Die Angaben für Größe 36–38 stehen vor der Klammer, für Größe 44–46 in der Klammer. Gibt es nur eine Angabe, so gilt diese für beide Größen.

## MUSTER

**Glatt rechts:** Hinreihe rechte, Rückreihe linke Maschen stricken.

**Grundmuster über 4 Maschen:** Laut Strickschrift arbeiten. Es sind die Hin- und Rückreihen gezeichnet. In der Breite zwischen den Randmaschen den Mustersatz (MS) stets wiederholen, enden mit den ersten 3 Maschen des Mustersatzes. In der Höhe als MS die 1.–22. Reihe so oft wiederholen wie in der Anleitung angegeben. Die in der Strickschrift gekennzeichneten Zunahmereihen arbeiten wie angegeben.

### MASCHENPROBE
14 Maschen und 21 Reihen = 10 x 10 cm

## SO WIRD´S GEMACHT

**Vorder- und Rückenteil:** Das 1. Knäuel von außen nach innen, das 2. Knäuel von innen nach außen, das 3. Knäuel wieder von außen nach innen usw. abstricken.

An den Schultern des Rückenteils beginnend mit der langen Rundstricknadel 67 (81) Maschen anschlagen und 42 (48) Reihen = 20 (23) cm glatt rechts stricken. Dann beidseitig je 29 (32) Maschen neu dazu anschlagen = 125 (145) Maschen.

Nun im Grundmuster weiterarbeiten. Die 1.–22. Reihe insgesamt 5 (6) x, dann die 1.–11. Reihe 1 x arbeiten. Dabei für die Formgebung jeweils in der 5. Reihe der Strickschrift (= Zunahmereihe) 31 (36) Maschen zunehmen wie folgend angegeben:

## MATERIAL
- Woolly Hugs CLOUD
  (94 % Merino fein, 6 % Polyamid, Lauflänge ca. 300 m/100 g)
  von L&K (www.VeronikaHug.com):
  600 (800) g Blau (Farbe Nr. 181)
- 1 normale Rundstricknadel Nr. 5,5
- 1 lange Rundstricknadel Nr. 5,5

**1. MS:** nach jeder 4. Masche 1 Masche zunehmen = 156 (181) Maschen

**2. MS:** nach jeder 5. Masche 1 Masche zunehmen = 187 (217) Maschen

**3. MS:** nach jeder 6. Masche 1 Masche zunehmen = 218 (253) Maschen

**4. MS**: nach jeder 7. Masche 1 Masche zunehmen = 249 (289) Maschen

**5. MS:** nach jeder 8. Masche 1 Masche zunehmen = 280 (325) Maschen

(**für Größe 44/46 im 6. MS:** nach jeder 9. Masche 1 Masche zunehmen = 361 Maschen)

**1.–11. Reihe:** nach jeder 9. (10.) Masche 1 Masche zunehmen = 311 (397) Maschen
Dann alle Maschen locker abketten.

**Ärmel:** Je 1 Knäuel von innen nach außen abstricken.
Unten beginnend mit der normalen Rundstricknadel 37 (45) Maschen anschlagen und 33 Reihen (= 1 MS + 1.–11. Reihe) laut Strickschrift arbeiten. Dann 33,5 cm = 70 Reihen glatt rechts arbeiten, dabei 10 x in jeder 6. Reihe beidseitig je 1 Masche zunehmen = 57 (65) Maschen. Alle Maschen abketten.

**Kapuze:** 1 Knäuel von innen nach außen abstricken.
Am vorderen Kapuzenrand beginnend mit der normalen Rundstricknadel 113 (121) Maschen anschlagen und 33 Reihen laut Strickschrift arbeiten, dabei in der letzten Reihe 1 Masche abnehmen = 112 (120) Maschen. Anschließend 12 Reihen glatt rechts stricken, dann für die Kapuzenrundung beidseits der Kapuzenmitte 14 x in jeder 2. Reihe je 2 Maschen zusammenstricken. Die restlichen Maschen abketten.

**Fertigstellung:** Für die Schulternaht die beiden Vorderteile überlappend jeweils beidseits über 11 (14) cm mit dem Rückenteil zusammennähen. Die Abkettkante der Kapuze zur Hälfte gegeneinanderlegen und die rückwärtige Kapuzennaht schließen. Die Kapuze vorn 11 Maschen überlappend in den Halsausschnitt nähen. Die Ärmelnähte schließen und die Ärmel einsetzen.

## ZEICHENERKLÄRUNG

☐ = Hinreihen: 1 Masche rechts;
Rückreihen: 1 Masche links

⊟ = Hinreihen: 1 Masche links;
Rückreihen: 1 Masche rechts

MS = Mustersatz

## STRICKSCHRIFT

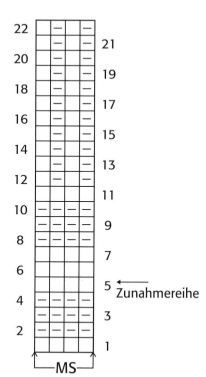

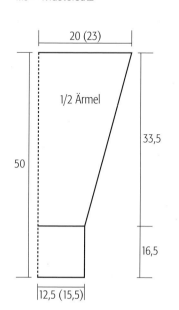

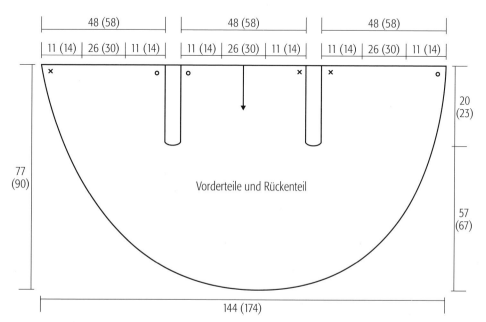

Vorderteile und Rückenteil

alle Maße in cm

# FLIEDERDUFT

**ZIPFELPULLUNDER, GRÖSSE: 38–42 (44–48)**

**Hinweis:** Die Angaben für Größe 38–42 stehen vor der Klammer, für Größe 44–48 in der Klammer. Gibt es nur eine Angabe, so gilt diese für beide Größen.

## MUSTER

**Strukturmuster:** 1 Masche rechts, 1 Masche links im Wechsel, nach jeder 4. Reihe versetzt stricken.

### MASCHENPROBE

14 Maschen und 21 Reihen = 10 x 10 cm

**Hinweis:** Die Knäuel von außen nach innen abstricken.

## SO WIRD´S GEMACHT

**Rückenteil:** 69 (77) Maschen mit Nadel Nr. 5,5 anschlagen und im Strukturmuster stricken. Nach 40 cm ab Anschlag beidseitig je 1 Markierung anbringen. An den Seitenkanten werden später vom Anschlagrand bis zu den Markierungen die Abkettränder der „Zipfel" eingesetzt. Nach 12 cm = 26 Reihen (11 cm = 23 Reihen) ab 1. Markierung beidseitig je eine 2. Markierung anbringen. Diese gibt den Beginn der Armausschnitte an. Nach 20 cm = 42 Reihen (23 cm = 48 Reihen) ab der 2. Markierung alle Maschen abketten. Die äußeren je 20 (23) Maschen bilden die Schultern, die mittleren 29 (31) Maschen den rückwärtigen Halsausschnitt.

## MATERIAL
• Woolly Hugs BOBBEL MOHAIR (45 % Polyacryl, 40 % Polyamid, 15 % Mohair, Lauflänge ca. 500 m/150 g) von L&K (www.VeronikaHug.com): 300 (450) g Dunkelrot-Rosa mit Farbverlauf (Farbe Nr. 204)
• Stricknadeln Nr. 5,5.
• je 1 Rundstricknadel Nr. 5,5 und Nr. 6
• 6 Maschenmarkierer

**Vorderteil:** 181 (189) Maschen mit Nadel Nr. 5,5 anschlagen und im Strukturmuster stricken. Die mittleren 69 (77) Maschen bilden das Vorderteil, die äußeren je 56 Maschen die Zipfel. Nach 30 cm = 64 Reihen ab Anschlag beidseitig die je 56 Zipfel-Maschen abketten = 69 (77) Maschen. Nach 12 cm = 26 Reihen (11 cm = 23 Reihen) ab Beenden der Zipfel den Beginn der Armausschnitte markieren. Für den Halsausschnitt nach 12,5 cm = 26 Reihen (15,5 cm = 32 Reihen) ab Markierung die mittleren 17 (19) Maschen abketten und beide Seiten getrennt beenden. Am inneren Rand für die Rundung in jeder 2. Reihe 2 x je 2 Maschen und 2 x je 1 Masche abketten. Die restlichen je 20 (23) Maschen für die Schultern in gleicher Höhe wie am Rückenteil abketten.

**Fertigstellung:** Die abgeketteten Zipfel-Maschen laut Zeichen in der Schnittübersicht an die unteren je 40 cm der Seitenkanten des Rückenteils nähen. Danach die Seitennähte bis zur Markierung der Armausschnitte und die Schulternähte schließen. Aus dem Halsausschnitt mit der Rundstricknadel Nr. 5,5 ca. 96 (100) Maschen auffassen und für die Kapuze in Runden im Strukturmuster stricken. Nach ca. 24 cm Kapuzenhöhe zur Rundstricknadel Nr. 6 wechseln. Nach 48 cm Kapuzenhöhe alle Maschen abketten, wie sie erscheinen.

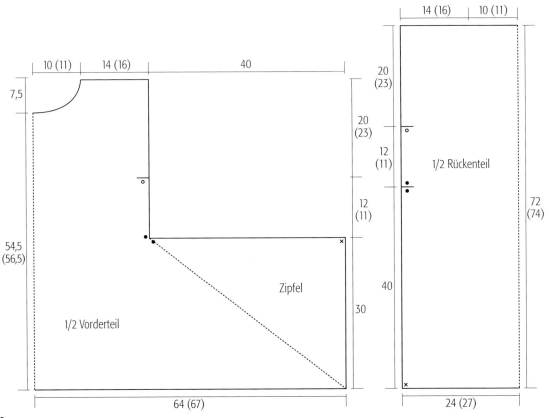

# BRETAGNE

## KAPUZENCAPE, GRÖSSE: 38–42 (44–46) 48–50

**Hinweis:** Die Angaben für Größe 38–42 stehen vor der Klammer, für Größe 44–46 in der Klammer und für Größe 48–50 nach der Klammer. Gibt es nur eine Angabe, so gilt diese für alle Größen.

## MUSTER

**Kettrandmasche:** Am Reihenanfang die Masche rechts verschränkt abstricken, am Reihenende die Masche links abheben (Faden vor der Arbeit).

**Zopfmuster:** Maschenzahl teilbar durch 16 + 4 + 2 Randmaschen. Laut Strickschrift arbeiten. Es sind nur die Hinreihen gezeichnet, in den Rückreihen die Maschen stricken, wie sie erscheinen. Mit den Maschen vor dem Mustersatz beginnen, den Mustersatz stets wiederholen, mit den Maschen nach dem Mustersatz enden. In der Höhe die 1.–49. Reihe 1 x stricken, dann die 18.–49. Reihe noch 1 x wiederholen. Danach die 82.–101. Reihe 1 x arbeiten.

**Strickkordel (I-Cord):** Mit den 2 Nadeln des Nadelspiels 3 Maschen anschlagen, * nicht wenden, sondern die Maschen zurück zum Anfang der Nadel schieben, 3 Maschen rechts, ab * stets wiederholen, bei der gewünschten Länge die 3 Maschen abketten.

## MASCHENPROBE

15 Maschen und 21 Reihen = 10 x 10 cm

## MATERIAL

- Woolly Hugs SHEEP
  (50 % Wolle, Merino extrafein,
  28 % Baumwolle, 22 % Polyamid,
  Lauflänge ca. 110 m/50 g)
  von L&K (www.VeronikaHug.com):
  400 (500) 600 g Blau (Farbe Nr. 55)
- 1 Rundstricknadel Nr. 5
- 2 Nadeln eines Nadelspiels Nr. 4–5
- 1 Zopfnadel
- 4 Knöpfe

## SO WIRD´S GEMACHT

An der unteren Kante beginnend 230 (246) 262 Maschen anschlagen und 1 Rückreihe (= 1. Reihe) laut Strickschrift stricken. Dann die 2.–101. Reihe der Strickschrift arbeiten, dabei die Abnahmen vornehmen wie in der Strickschrift eingezeichnet. Danach über die 90 (96) 102 Maschen für die Kapuze die letzten 4 Reihen mustergemäß wiederholen = 80 Reihen. Dann alle Maschen abketten. Die Abkettkante zur Hälfte gegeneinanderlegen und die obere Kapuzennaht schließen.

**Fertigstellung:** Die 4 Knöpfe laut Foto annähen. Für die Schlaufen mit den beiden kurzen Stricknadeln 4 Strickkordeln über 3 Maschen und 18 Reihen stricken. Die Bänder jeweils zum Ring zusammennähen und als Schlaufen an der rechten vorderen Kante passend zu den Knöpfen festknoten.

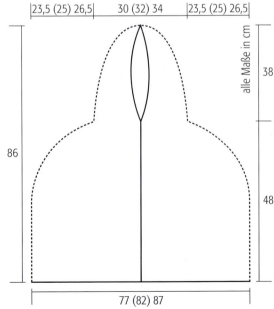

23,5 (25) 26,5 | 30 (32) 34 | 23,5 (25) 26,5

alle Maße in cm

38

86

48

77 (82) 87

## ZEICHENERKLÄRUNG

$\boxed{+}$ = 1 Randmasche

$\square$ = 1 Masche links

$\boxed{\text{I}}$ = 1 Masche rechts

$\boxed{\nwarrow}$ = 2 Maschen links zusammenstricken

$\boxed{\text{IIII}}$ = 4 Maschen nach rechts verzopfen
(= 2 Maschen auf 1 Zopfnadel hinter die Arbeit legen, die folgenden 2 Maschen rechts stricken, dann die 2 Maschen der Zopfnadel rechts stricken)

$\boxed{\text{IIII}}$ = 4 Maschen nach links verzopfen (= 2 Maschen auf 1 Zopfnadel vor die Arbeit legen, die folgenden 2 Maschen rechts stricken, dann die 2 Maschen der Zopfnadel rechts stricken)

$\boxed{\text{III}}$ = 3 Maschen nach links verzopfen
(= 2 Maschen auf 1 Zopfnadel vor die Arbeit legen, die folgende Masche links stricken, dann die Maschen der Zopfnadel rechts stricken)

$\boxed{\text{III}}$ = 3 Maschen nach rechts verzopfen
(= 1 Masche auf 1 Zopfnadel hinter die Arbeit legen, die folgenden 2 Maschen rechts stricken, dann die Masche der Zopfnadel links stricken)

MS = Mustersatz

## STRICKSCHRIFT

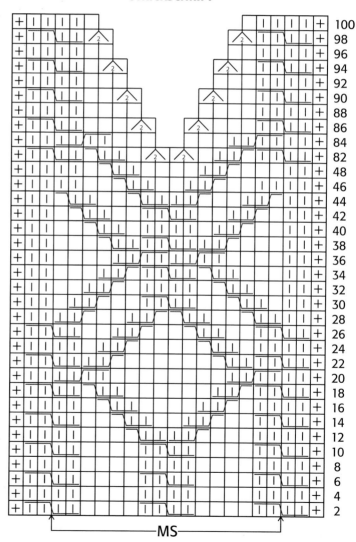

MS

# DRUIDENZAUBER

**KAPUZENPULLI, GRÖSSE: 38–42**

## MUSTER

**Kettrandmasche:** Am Reihenanfang die Masche rechts verschränkt abstricken, am Reihenende die Masche links abheben (Faden vor der Arbeit).

**Glatt links:** Hinreihe linke, Rückreihe rechte Maschen stricken.

**Bundmuster – Ärmel:** Maschenzahl teilbar durch 8 + 4 + 2 Randmaschen. **1. Reihe (Hinreihe):** Randmasche, 5 Maschen links, * 4 Maschen rechts (Zopf), 4 Maschen links, ab * 2 x wiederholen, enden mit 4 Maschen rechts (Zopf), 3 Maschen links, Randmasche; **2. Reihe (Rückreihe):** zwischen den Randmaschen die Maschen stricken, wie sie erscheinen; **3. Reihe:** Randmasche, 5 Maschen links, * 4 Maschen nach links verzopfen (= 2 Maschen auf 1 Zopfnadel vor die Arbeit legen, die folgenden 2 Maschen rechts stricken, dann die 2 Maschen der Zopfnadel rechts stricken), 4 Maschen links, ab * 2 x wiederholen, enden mit 4 Maschen nach links verzopfen, 3 Maschen links, Randmasche; **4. Reihe:** wie 2. Reihe.

**Bundmuster – Vorder-/Rückenteil:** Maschenzahl teilbar durch 8 + 2 + 2 Randmaschen. Laut Strickschrift 2 arbeiten. Es sind nur die Hinreihen gezeichnet, in den Rückreihen die Maschen stricken, wie sie erscheinen. In der Breite den Mustersatz (MS) stets wiederholen und der Höhe die 1.–6. Reihe 3 x arbeiten.

**Zopfstreifen (über 20 Maschen):** Laut Strickschrift 1 arbeiten. Es sind nur die Hinreihen gezeichnet, in den Rückreihen die Maschen stricken, wie sie erscheinen. In der Breite die gezeichneten Maschen je 1 x arbeiten, in der Höhe die 1.–18. Reihe stets wiederholen.

### MASCHENPROBE GLATT RECHTS

16 Maschen und 21 Reihen = 10 x 10 cm

## MATERIAL

- Woolly Hugs SHEEP
  (50 % Wolle, Merino extrafein,
  28 % Baumwolle, 22 % Polyamid,
  Lauflänge ca. 110 m/50 g)
  von L&K (www.VeronikaHug.com):
  500 g Grün (Farbe Nr. 72)
- je 1 normale und 1 lange Rundstricknadel Nr. 5,5
- 1 Zopfnadel
- 1 Maschenmarkierer

## SO WIRD´S GEMACHT

**Linker Ärmel:** Mit der kürzeren Rundstricknadel 38 Maschen anschlagen und 1 Rückreihe (= 2. Reihe) im Ärmelbundmuster stricken. Dann die 1.–4. Reihe insgesamt 2 x stricken. Anschließend glatt rechts mit dem Zopf-Mittel-Streifen laut Strickschrift 1 in folgender Mascheneinteilung fortfahren: Randmasche, 9 Maschen glatt rechts, 20 Maschen Zopfstreifen, 7 Maschen glatt rechts, Randmasche. Für die Ärmelschrägungen ab der 14. Reihe insgesamt 13 x in jeder 6. Reihe beidseitig je 1 Masche zunehmen = 64 Maschen. Nun die Maschen stilllegen.

**Rechter Ärmel:** Gegengleich arbeiten, d.h. beim Zopfmuster die Maschen vor und nach dem Mustersatz entsprechend gespiegelt stricken (also in der 1. Rückreihe mit Randmasche, 5 Maschen rechts beginnen und mit 3 Maschen rechts, Randmasche enden). Nach dem Bund wie beim linken Ärmel verfahren, jedoch vor dem Zopf-Mittel-Streifen 7 Maschen und nach dem Zopf 9 Maschen glatt rechts stricken. Die Zunahmen für die Ärmelschrägungen wie beim linken Ärmel ausführen.

**Rückenteil:** Mit der kürzeren Rundstricknadel 76 Maschen anschlagen und für den Bund 18 Reihen laut Strickschrift 2 stricken. Dann glatt rechts arbeiten, jedoch die beiden äußeren Zöpfe weiterführen. Nach 86 Reihen die Maschen stilllegen.

**Vorderteil:** Wie das Rückenteil arbeiten.

Nun alle Teile (Vorderteil, rechter Ärmel, Rückenteil und linker Ärmel) auf die lange Rundstricknadel nehmen und über die 280 Maschen weiter in Runden arbeiten. Für die Raglanschrägungen ab der 6. Runde beidseits des an Vorder- und Rückenteil weitergeführten Zopfes in jeder 3. Runde eine betonte doppelte Abnahme stricken wie folgt: Rechts vom Zopf: 2 Maschen rechts verschränkt zusammenstricken und die Masche wieder auf die linke Nadel legen, dann diese Masche mit der folgenden Masche rechts zusammenstricken; Links vom Zopf: 1 Masche abheben, 2 Masche rechts zusammenstricken, die abgehobene Masche darüberziehen.
Nach insgesamt 12 Abnahmerunden am Vorderteil für den Halsausschnitt die mittleren 10 Maschen abketten. Für die Rundung in jeder 2. Reihe beidseitig 1 x 6 Maschen und 2 x je 4 Maschen stilllegen. Somit werden am Rückenteil insgesamt 13 Abnahmerunden gearbeitet. Es verbleiben 74 Maschen auf der Nadel.

**Kapuze:** Über die 74 Maschen weiterarbeiten, dabei die Zöpfe im Muster fortfahren. Die hintere Kapuzenmitte (nach 37 Maschen) markieren. Für die Formgebung beidseits der Markierung 10 x in jeder 2. Reihe je 1 Masche zunehmen (links verschränkt aus dem Querfaden herausstricken) = 94 Maschen. Die zugenommenen Maschen stets glatt links stricken. 28 Reihen gerade hoch stricken. Dann beidseits der Markierung 10 x in jeder 2. Reihe je 2 Maschen links zusammenstricken.
Alle Maschen abketten und die obere Kapuzennaht schließen.

**Fertigstellung:** Seiten- und Ärmelnähte schließen, dabei an den Seitennähten unten jeweils einen ca. 7 cm langen Schlitz offen lassen. Für die Rollblende an der vorderen Kapuzenkante und fortlaufend an den abgeketteten Maschen am Vorderteil insgesamt 114 Maschen auffassen und 5 Runden rechts stricken. Dann die Maschen abketten.

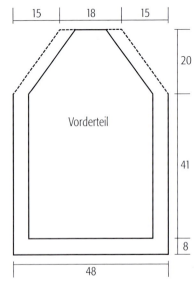

15  18  15

20

Vorderteil

41

8

48

## ZEICHENERKLÄRUNG

$\boxed{1}$ = 1 Masche rechts

$\boxed{-}$ = 1 Masche links

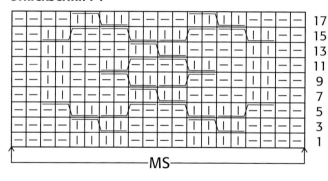 = 4 Maschen nach links verzopfen
(= 2 Maschen auf 1 Zopfnadel vor die Arbeit legen, die folgenden 2 Maschen rechts stricken, dann die 2 Maschen der Zopfnadel rechts stricken)

= 4 Maschen nach rechts verzopfen
(= 2 Maschen auf 1 Zopfnadel hinter die Arbeit legen, die folgenden 2 Maschen rechts stricken, dann die 2 Maschen der Zopfnadel rechts stricken)

MS = Mustersatz

= 6 Maschen nach links verzopfen (= 3 Maschen auf 1 Zopfnadel vor die Arbeit legen, die folgenden 3 Maschen rechts stricken, dann die 3 Maschen der Zopfnadel rechts stricken)

= 4 Maschen nach links verzopfen
(= 2 Maschen auf 1 Zopfnadel vor die Arbeit legen, die folgenden 2 Maschen links stricken, dann die 2 Maschen der Zopfnadel rechts stricken)

= 4 Maschen nach rechts verzopfen
(= 2 Maschen auf 1 Zopfnadel hinter die Arbeit legen, die folgenden 2 Maschen links stricken, dann die 2 Maschen der Zopfnadel rechts stricken)

## STRICKSCHRIFT 1

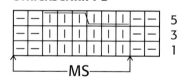

## STRICKSCHRIFT 2

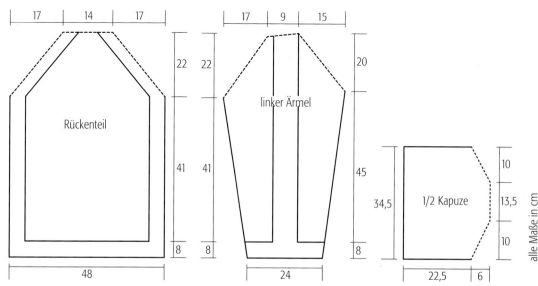

# STERNENREIGEN

**NORWEGER-PONCHO, GRÖSSE: 38–40 (44–46) 48–50**

**Hinweis:** Die Angaben für Größe 38–40 stehen vor der Klammer, für Größe 44–46 in der Klammer und für Größe 48–50 nach der Klammer. Gibt es nur eine Angabe, so gilt diese für alle Größen.

## MUSTER

**Kettrandmasche:** Am Reihenanfang links abheben (Faden vor der Arbeit), am Reihenende rechts stricken.

**Glatt rechts in Reihen:** Hinreihe rechte, Rückreihe linke Maschen stricken.

**Glatt rechts in Runden:** Stets rechte Maschen stricken.

**Rippenmuster:** 1 Masche rechts, 1 Masche links im Wechsel stricken.

**Jacquardmuster:** Maschenzahl teilbar durch 16. Laut Zählmuster in den angegebenen Farben in Norwegertechnik stricken, dabei den unbenutzten Faden stets locker auf der Rückseite der Arbeit mitführen. In der Breite die gezeichneten Maschen stets wiederholen, in der Höhe die 1.–14. Runde 1 x arbeiten.

### MASCHENPROBE IM JACQUARDMUSTER
14 Maschen und 21 Reihen = 10 x 10 cm

## SO WIRD´S GEMACHT

An der unteren Kante beginnend in Anthrazit 192 (208) 224 Maschen anschlagen, die Maschen zur Runde schließen und für die Blende 10 Runden im Rippenmuster arbeiten. Anschließend 4 Runden glatt rechts stricken. Dann in Anthrazit und Gelb im Jacquardmuster weiterarbeiten, dabei je Runde die gezeichneten Maschen insgesamt 12 (13) 14 x arbeiten. Nach 14 Runden im Jacquardmuster nun 14 Runden glatt rechts in Gelb weiterarbeiten, dabei 12 (13) 14 Abnahmestellen markieren. Innerhalb des unifarbenen

## MATERIAL
- Woolly Hugs SHEEP
  (50 % Wolle, Merino extrafein,
  28 % Baumwolle, 22 % Polyamid,
  Lauflänge ca. 110 m/50 g)
  von L&K (www.VeronikaHug.com):
  je 100 (150) 200 g Gelb (Farbe Nr. 22)
  und Grau (Farbe Nr. 90), 150 g Anthrazit
  (Farbe Nr. 98)
- 1 Rundstricknadel Nr. 5,5
- 12 (13) 14 Maschenmarkierer

Streifens werden, beginnend in der 2. Runde, insgesamt 4 Abnahmerunden gestrickt, nach jeder Abnahmerunde folgen 3 Runden ohne Abnahmen. In der 1. Abnahmerunde jede 15. und 16. Masche = 180 (195) 210 Maschen, in der 2. Abnahmerunde jede 14. und 15. Masche = 168 (182) 196 Maschen, in der 3. Abnahmerunde jede 13. und 14. Masche = 156 (169) 182 Maschen und in der 4. Abnahmerunde jede 12. und 13. Masche rechts zusammenstricken = 48 (52) 56 Abnahmen = 144 (156) 168 Maschen.

Anschließend 14 Runden in Gelb und Grau laut Foto im Jacquardmuster weiterarbeiten. Nach Beenden des Jacquardmusters 14 Runden glatt rechts in Grau stricken und innerhalb des unifarbenen Streifens wie oben beschrieben 4 Abnahmerunden arbeiten, dabei in der 1. Abnahmerunde jede 11. und 12. Masche = 132 (143) 154 Maschen, in der 2. Abnahmerunde jede 10. und 11. Masche = 120 (130) 140 Maschen, in der 3. Abnahmerunde jede 9. und 10. Masche = 108 (117) 126 Maschen und in der 4. Abnahmerunde jede 8. und 9. Masche rechts zusammenstricken = 48 (52) 56 Abnahmen = 96 (104)

112 Maschen.
Nun wieder 14 Runden im Jacquardmuster in Grau und Anthrazit laut Foto stricken.

**Kapuze:** Die Kapuze wird im Anschluss in Hin- und Rückreihen gearbeitet. Für die Blende die ersten und letzten 8 Maschen stets in Anthrazit im Rippenmuster, dabei die 1. und letzte Masche jeweils als Kettrandmasche arbeiten. Die übrigen Maschen glatt rechts bzw. im Jacquardmuster wie folgt stricken: 14 Reihen glatt rechts in Anthrazit, 14 Reihen Jacquardmuster in Anthrazit und Grau, 14 Reihen glatt rechts in Grau, 14 Reihen Jacquardmuster in Grau und Gelb und 7 Reihen glatt rechts in Gelb. Dann alle Maschen abketten. Abkettkante zur Hälfte gegeneinanderlegen und die obere Kapuzennaht schließen.

**Fertigstellung:** In Anthrazit eine ca. 80 cm lange Kordel anfertigen und diese durch die Kante der Blende ziehen. In Anthrazit zwei Pompons mit ca. 8 cm Durchmesser anfertigen und an der Kordel anknoten.

## ZEICHENERKLÄRUNG

□ = 1 Masche Gelb
■ = 1 Masche Grau

## ZÄHLMUSTER

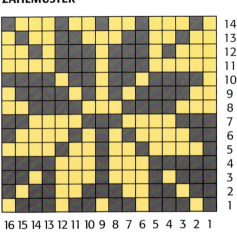

14 13 12 11 10 9 8 7 6 5 4 3 2 1

16 15 14 13 12 11 10 9 8 7 6 5 4 3 2 1

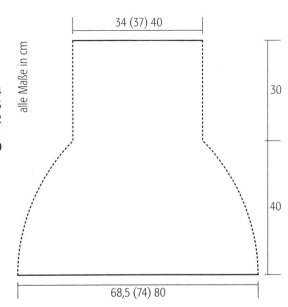

alle Maße in cm

34 (37) 40

30

40

68,5 (74) 80

# MEGA HYGGE

**PULLOVER, GRÖSSE: 36–38 (42–44) 48–50**

**Hinweis:** Die Angaben für Größe 36–38 stehen vor der Klammer, für Größe 42–44 in der Klammer und für Größe 48–50 nach der Klammer. Gibt es nur eine Angabe, so gilt diese für alle Größen.

## MUSTER

**Kettrandmasche:** Am Reihenanfang die Masche rechts verschränkt abstricken, am Reihenende die Masche links abheben (Faden vor der Arbeit).

**Glatt rechts:** Hinreihe rechte, Rückreihe linke Maschen stricken.

**Rippenmuster:** 1 Masche rechts, 1 Masche links im Wechsel stricken.

**Patentmuster 2-farbig in Reihen (mit ungerader Maschenzahl):** Nach dem Anschlagen der Maschen mit Farbe A, die Maschen wieder an das andere Ende der Nadel schieben und mit der 2. Farbe beginnen: **1. Reihe – Farbe B:** 1 Masche mit 1 Umschlag links abheben, 1 Masche links im Wechsel, enden mit 1 Masche mit 1 Umschlag links abheben; **2. Reihe – Farbe A:** 1 Masche mit dem Umschlag links zusammenstricken, 1 Masche mit 1 Umschlag links abheben im Wechsel, enden mit 1 Masche mit dem Umschlag links zusammenstricken; * die Maschen an das andere Ende der Nadel schieben; **3. Reihe – Farbe B:** 1 Masche mit 1 Umschlag links abheben, 1 Masche mit dem Umschlag rechts zusammenstricken im Wechsel, enden mit 1 Masche mit 1 Umschlag links abheben; **4. Reihe Farbe – A:** 1 Masche mit dem Umschlag rechts zusammenstricken, 1 Masche mit 1 Umschlag links abheben im Wechsel, enden mit 1 Masche mit dem Umschlag rechts zusammenstricken; die Maschen an das andere Ende der Nadel schieben; **5. Reihe – Farbe B:** 1 Masche mit 1 Umschlag links abheben, 1 Masche mit dem Umschlag links zusammenstricken im Wechsel, enden mit 1 Masche mit 1 Umschlag links abheben; **6. Reihe – Farbe A:** 1 Masche mit

## MATERIAL

- Woolly Hugs BOBBEL Merino fein (100 % Schurwolle, Lauflänge ca. 700 m/200 g) von L&K (www.VeronikaHug.com): je 2 (4) 4 BOBBEL in 2 Wunschfarben (gezeigtes Modell: Farbe A = Farbe Nr. 104, Farbe B = Farbe Nr. 101)
- je 1 normale und 1 lange Rundstricknadel Nr. 3,5

dem Umschlag links zusammenstricken, 1 Masche mit 1 Umschlag links abheben im Wechsel, enden mit 1 Masche mit dem Umschlag links zusammen-stricken. Ab * stets wiederholen.

**MASCHENPROBE IM RIPPENMUSTER**
16 Maschen und 34 Reihen = 10 x 10 cm
**MASCHENPROBE IM PATENTMUSTER**
13 Maschen und 44 Reihen = 10 x 10 cm

## SO WIRD´S GEMACHT

**Rückenteil:** Mit der langen Rundstricknadel 79 (83) 89 Maschen in Farbe A anschlagen, dabei das Knäuel von außen nach innen abstricken. Für den Bund bis zum ersten Knoten (= Farbwechsel) zwischen den Randmaschen im Rippenmuster stricken = ca. 48 Reihen = ca. 14 cm.
Dann im zweifarbigen Patentmuster weiterarbeiten. Dabei das Knäuel in Farbe B von innen nach außen abstricken. Nach 126 Reihen = 28,5 cm im Patentmuster für die seitlichen Schrägungen beidseitig 6 x in jeder 6. Reihe, 6 x in jeder 4. Reihe und 12 x in jeder 2. Reihe je 1 Masche zunehmen und in das Muster einfügen = 127 (131) 137 Maschen. Anschließend zusätzlich beidseitig je 26 (24) 22 Maschen für die Ärmel neu dazu aufschlingen = 179 (179) 181 Maschen. Nach weiteren 16 (16) 17 cm für den **Halsausschnitt** die mittleren 15 (15) 17 Maschen abketten und beide Seiten getrennt beenden. Für die Rundung jeweils am inneren Rand 5 x in jeder 2. Reihe je 1 Masche abketten. Nach insgesamt 80 (80) 84 Reihen = 18 (18) 19 cm ab Aufschlingen der Ärmelmaschen die restlichen Schultermaschen abketten.

**Vorderteil:** Wie für das Rückenteil arbeiten, jedoch nach 11 (11) 12 cm ab Aufschlingen der Ärmelmaschen für den Halsausschnitt die mittleren 15 (15) 17 Maschen abketten und beide Seiten getrennt beenden. Jeweils für die Rundung am inneren Rand 5 x in jeder 2. Reihe je 1 Masche abketten. Danach gerade hoch stricken und nach insgesamt 80 (80) 84 Reihen = 18 (18) 19 cm

ab Aufschlingen der Ärmelmaschen die restlichen Schultermaschen abketten.
Die Schulter- und Seitennähte schließen.

**Ärmelblenden (2 x):** In Farbe B aus der Ärmelkante 53 (53) 57 Maschen auffassen, dabei das Knäuel von außen beginnen. Zwischen den Randmaschen im Rippenmuster stricken. Nach 48 Reihen = 14 cm alle Maschen abketten und die Naht schließen.

**Kapuze:** Mit der kurzen Rundstricknadel in Farbe A aus dem Halsausschnitt insgesamt 89 (89) 97 Maschen auffassen. Dazu bei den 15 (15) 17 abgeketteten Maschen des Vorderteils beginnen und auch wieder enden, so dass die Kapuze vorne

überlappt. Über diese 89 (89) 97 Maschen zwischen den Randmaschen im zweifarbigen Patentmuster stricken. Nach 154 Reihen alle Maschen abketten. Abkettkante zur Hälfte gegeneinanderlegen und die obere Kapuzennaht schließen. Nun an der vorderen Kapuzenkante in Farbe A 105 Maschen auffassen und für die Rollblende 8 Reihen glatt rechts stricken. Danach alle Maschen abketten.

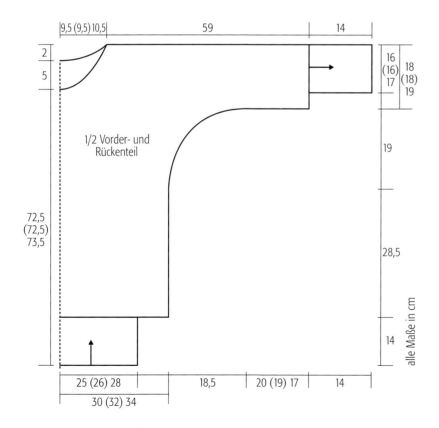

# VIENNA

**LONGPULLI, GRÖSSE: 36–38 (40–42) 44–46**

**Hinweis:** Die Angaben für Größe 36–38 stehen vor der Klammer, für Größe 40–42 in der Klammer, für Größe 44–46 nach der Klammer. Gibt es nur eine Angabe, so gilt diese für alle Größen.

## MUSTER

**Strukturmuster:** Maschenzahl teilbar durch 6 + 1 Masche. Laut Strickschrift arbeiten. Die mit a bezeichnete Reihe gibt die 1. Rückreihe nach dem Maschenanschlag an. Es sind nur die Hinreihen gezeichnet, in den Rückreihen die Maschen stricken, wie sie erscheinen, die verschränkten Maschen links verschränkt stricken. In der Breite mit den Maschen vor dem Mustersatz (MS) beginnen, den MS stets wiederholen, enden mit den Maschen nach dem MS. In der Höhe die 1.–84. Reihe 1 x stricken, dann die 55.–84. Reihe stets wiederholen.

### MASCHENPROBE IM STRUKTURMUSTER

15,5 Maschen und 23 Reihen = 10 x 10 cm

**Hinweis:** Jedes Teil mit einem neuen Knäuel beginnen und dieses von innen nach außen, für die Kapuze von außen nach innen abstricken. Wird für das Vorder- und Rückenteil der 2. und 3. Größe etwas mehr als 1 Knäuel benötigt, das 2. Knäuel von außen nach innen abstricken.

## SO WIRD´S GEMACHT

**Rückenteil:** 73 (79) 85 Maschen mit Nadel Nr. 5,5 anschlagen und mit 1 Rückreihe beginnend im Strukturmuster stricken. Für die Raglanschrägungen nach 58 cm = 133 Reihen ab Anschlag 23 (25) 27 x in jeder 2. Reihe beidseitig je 2 Maschen zusammenstricken. Die restlichen 27 (29) 31 Maschen nach 21 cm = 48 Reihen (23 cm = 52 Reihen) 25 cm = 58 Reihen Raglanhöhe auf eine Hilfsnadel legen.

## MATERIAL
- Woolly Hugs CLOUD (94 % Schurwolle, 6 % Polyamid, Lauflänge ca. 300 m/100 g) von L&K (www.VeronikaHug.com): 500 (500) 600 g Rot (Farbe Nr. 182)
- Stricknadeln Nr. 5,5
- 1 Rundstricknadel Nr. 5
- 3 Hilfsnadeln zum Maschen stilllegen

**Vorderteil:** Genauso stricken, jedoch mit Halsausschnitt. Dafür nach 16 cm = 36 Reihen (18 cm = 40 Reihen) 20 cm = 46 Reihen Raglanhöhe die mittleren 11 (13) 15 Maschen stilllegen und die beiden Seiten getrennt beenden. Für die Rundung am inneren Rand in jeder 2. Reihe 1 x 2 Maschen und 4 x je 1 Masche abketten. Die restlichen 2 Maschen nach der letzten Raglanabnahme auf einmal abketten.

**Ärmel (2 x):** 35 (37) 39 Maschen anschlagen und mit 1 Rückreihe beginnend im Strukturmuster stricken, dabei für Größe 36/38 nach der Randmasche mit der Masche nach Pfeil a beginnen und vor der Randmasche mit der Masche vor Pfeil b enden (für Größe 40/42 das Muster wie beschrieben einteilen) für Größe 44/46 nach der Randmasche mit der Masche nach Pfeil c beginnen und vor der Randmasche mit der Masche vor Pfeil d enden. Für die Ärmelschrägungen ab Anschlag beidseitig 2 x in jeder 12. Reihe und 8 x in jeder 10. Reihe (5 x in jeder 10. Reihe und 7 x in jeder 8. Reihe) 12 x in jeder 8. Reihe und 2 x in jeder 6. Reihe je 1 Masche zunehmen = 55 (61) 67 Maschen. Die zugenommenen Maschen in das Strukturmuster einfügen. Nach 50 cm = 115 Reihen ab Anschlag die Abnahmen für die Raglanschrägungen beidseitig wie am Rückenteil ausführen. Die restlichen 9 (11) 13 Maschen nach 21 cm = 48 Reihen (23 cm = 52 Reihen) 25 cm = 58 Reihen Raglanhöhe auf eine Hilfsnadel legen.

**Fertigstellung:** Teile spannen, anfeuchten und trocknen lassen. Nähte schließen. Ärmel einsetzen. Mit der Rundstricknadel die 27 (29) 31 Maschen des rückwärtigen Halsausschnitts, dann die 9 (11) 13 Maschen des 1. Ärmels abstricken, aus dem rechten Rand der Halsausschnittrundung

## ZEICHENERKLÄRUNG

⊞ = 1 Randmasche
☐ = 1 Masche rechts
⊵ = 1 Masche rechts verschränkt
⊴ = 1 Masche links verschränkt

## STRICKSCHRIFT

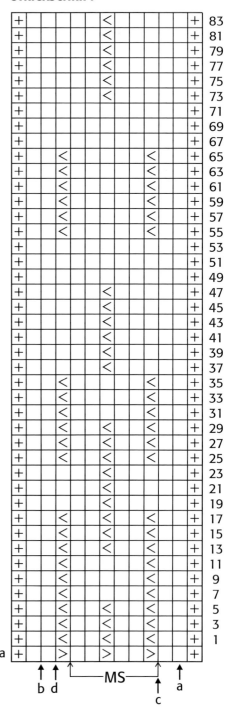

des Vorderteils 14 Maschen auffassen, die 11 (13) 15 Maschen der Hilfsnadel vom Halsausschnitt abstricken, dabei aus den mittleren 11 (9) 7 Maschen je 2 Maschen herausstricken (= 1 Masche rechts und 1 Masche rechts verschränkt), aus dem linken Rand der Halsausschnittrundung 15 Maschen auffassen und die 9 (11) 13 Maschen des 2. Ärmels abstricken.

**Achtung!** Die Maschen mustergemäß im Strukturmuster abstricken bzw. auffassen. Über diese 96 (102) 108 Maschen für die Kapuze im Strukturmuster stricken, dabei in der Breite die 6 Maschen des MS sowie die 19. Runde der Strickschrift stets wiederholen. Nach 38 cm Kapuzenhöhe 4 Maschen vor und 4 Maschen nach der vorderen Mitte für den Kordeldurchzug jeweils 2 Maschen zusammenstricken und dafür 1 Umschlag auf die Nadel nehmen. Nach weiteren 2,5 cm die Maschen abketten, wie sie erscheinen. Die letzten 2,5 cm für den Tunnel nach innen säumen. Aus 8facher Wolle eine ca. 100 (108) 116 cm lange Kordel drehen und diese in die Löcher des Kordeldurchzuges einziehen.

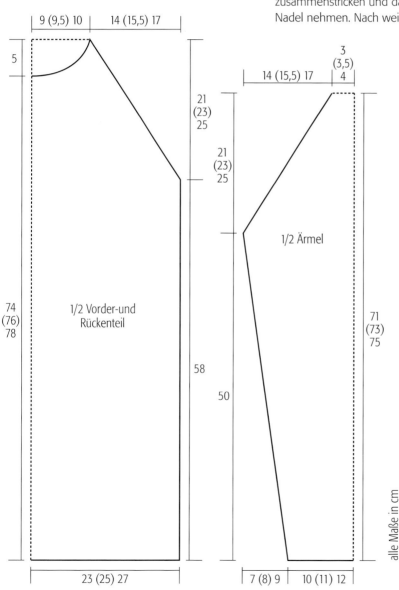

9 (9,5) 10   14 (15,5) 17

5

21 (23) 25

21 (23) 25

3 (3,5)

14 (15,5) 17   4

1/2 Ärmel

74 (76) 78

1/2 Vorder-und Rückenteil

71 (73) 75

58

50

23 (25) 27

7 (8) 9   10 (11) 12

alle Maße in cm

29

# HIGHLANDS

**KAPUZENJACKE, GRÖSSE: 38–40**

## MUSTER

**Glatt rechts:** Hinreihe rechte, Rückreihe linke Maschen stricken.

**Kraus rechts:** Hin- und Rückreihe rechte Maschen stricken.

**Jacquardmuster:** Maschenzahl teilbar durch 12 + 1 + 2 Randmaschen. Laut Zählmuster in Norwegertechnik stricken, dabei den unbenutzten Faden stets locker auf der Rückseite der Arbeit mitführen. Mit der Masche vor dem Mustersatz (MS) beginnen, den MS stets wiederholen. Die 1.–10. Reihe (= 1 MS) so oft wiederholen wie angegeben.

### MASCHENPROBE GLATT RECHTS

16 Maschen und 21 Reihen = 10 x 10 cm

**Hinweis:** Zunächst die Ärmel arbeiten, dann Rücken- und Vorderteile im Zusammenhang beginnen.

## SO WIRD´S GEMACHT

**Ärmel (2 x):** Für jeden Ärmel für die Grundfarbe jeweils 1 Knäuel von außen nach innen und für das Jacquardmuster dasselbe Knäuel von innen nach außen abstricken.

39 Maschen anschlagen und 10 Reihen kraus rechts stricken. Dann über 21 Reihen = 2 Mustersätze + eine 1. Reihe = 10 cm laut Zählmuster stricken. Anschließend in der Grundfarbe glatt rechts stricken, dabei für die Ärmelschrägungen 10 x in jeder 6. Reihe und 2 x in jeder 4. Reihe beidseitig je 1 Masche zunehmen = 63 Maschen. Nach 72 Reihen = 34 cm ab Musterwechsel die Maschen abketten.

**Vorderteile und Rückenteil:** Für den gewünschten Farbverlauf die Grundfarbe abwechselnd mit 2 Knäuel stricken. Beide Knäuel jeweils von außen nach innen abstricken und stets nach 2 Reihen das

## MATERIAL

- Woolly Hugs CLOUD
  (94 % Schurwolle Merino, 6 % Polyamid, Lauflänge ca. 300 m/100 g)
  von L&K (www.VeronikaHug.com):
  600 g Braun (Farbe Nr. 183)
- 1 Rundstricknadel Nr. 5,5
- 5 Knöpfe

Knäuel wechseln. Für die Kontrastfarbe eines dieser beiden Knäuel von innen nach außen abstricken. Die beiden Vorderteile und das Rückenteil werden bis zu den Armausschnitten in einem Stück gestrickt. An der unteren Kante beginnend mit der Grundfarbe 159 Maschen anschlagen und 10 Reihen kraus rechts stricken. Dann 41 Reihen = 4 Mustersätze + eine 1. Reihe = 19 cm laut Zählmuster arbeiten. Anschließend 44 Reihen = 21 cm glatt rechts stricken und weiterhin nach jeder 2. Reihe das Knäuel wechseln. Nach den 44 Reihen ist das Knäuel, das zugleich von innen abgestrickt wurde, fast aufgebraucht. Das andere Knäuel fortlaufend für das Rückenteil verwenden.

Nach 45 cm ab Anschlag die Vorderteile und das Rückenteil getrennt fertigstellen: 35 Maschen stricken (= rechtes Vorderteil), 6 Maschen abketten (= Armausschnitt), 77 Maschen stricken (= Rückenteil), 6 Maschen abketten (= Armausschnitt), 35 Maschen stricken (= linkes Vorderteil).

Für das **Rückenteil** über die mittleren 77 Maschen 36 Reihen = 17 cm glatt rechts stricken. Dann für den rückwärtigen Halsausschnitt die mittleren 35 Maschen abketten und beide Seiten getrennt beenden. Für die Rundung am inneren Rand in jeder 2. Reihe 1 x je 2 Maschen und 2 x je 1 Masche abketten. Zum Schluss jeweils die restlichen 17 Schultermaschen abketten.

Für die beiden **Vorderteile** die restlichen Knäuel der Ärmel verwenden und jeweils von außen nach innen abstricken. Über die 35 Maschen 30 Reihen = 14 cm glatt rechts arbeiten. Dann für den Halsausschnitt jeweils am inneren Rand in jeder 2. Reihe 1 x 8 Maschen, 2 x 3 Maschen, 1 x 2 Maschen und 2 x je 1 Masche abketten. Nach 42 Reihen ab Teilung die restlichen 17 Schultermaschen abketten. Die Schulternähte schließen.

**Kapuze:** Ein Knäuel für die Grundfarbe von außen nach innen und für die Kontrastfarbe gleichzeitig von innen nach außen abstricken.
111 Maschen anschlagen und 2 Reihen glatt rechts in der Grundfarbe stricken, dann laut Zählmuster arbeiten. Nach 51 Reihen = 24 cm im Jacquardmuster die Maschen abketten.

Abkettkante zur Hälfte gegeneinanderlegen und die rückwärtige Kapuzennaht schließen.
Die Kapuze an das Oberteil nähen.

**Fertigstellung:** Ärmelnähte schließen und Ärmel einsetzen. Für die vordere Blende beginnen am rechten Vorderteil insgesamt 283 Maschen auffassen: 86 Maschen aus dem rechten Vorderteil, 111 Maschen aus der Kapuze und 86 Maschen aus dem linken Vorderteil. Kraus rechts stricken, dabei in der 4. Reihe an der Kante des rechten Vorderteils, beginnend nach 22 Maschen, gleichmäßig verteilt insgesamt 5 Knopflöcher arbeiten. Für jedes Knopfloch 2 Maschen abketten und in der folgenden Rückreihe wieder neu anschlagen. Nach insgesamt 10 Reihen alle Maschen abketten. An der Kante des linken Vorderteils passend zu den Knopflöchern die 5 Knöpfe annähen.

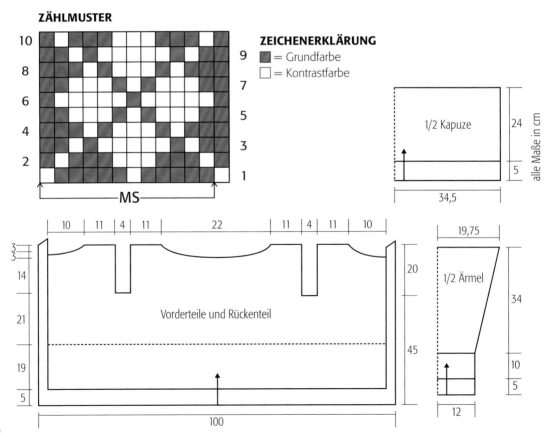

## ZÄHLMUSTER

**ZEICHENERKLÄRUNG**
■ = Grundfarbe
□ = Kontrastfarbe

# INDIAN SUMMER

**LONGWESTE, GRÖSSE: 36–42**

## MUSTER

**Kettrandmasche:** Am Reihenanfang die Masche rechts verschränkt abstricken, am Reihenende die Masche links abheben (Faden vor der Arbeit).

**Glatt rechts:** Hinreihe rechte, Rückreihe linke Maschen stricken.

**Randmuster:** Maschenzahl teilbar durch 8 + 4 Maschen. Laut Strickschrift arbeiten. Es sind nur die Hinreihen gezeichnet, in den Rückreihen die Maschen stricken, wie sie erscheinen. In der Breite mit den Maschen vor dem Mustersatz (MS) beginnen, den MS stets wiederholen, enden mit den Maschen nach dem MS. Zur besseren Übersicht sind 2 MS gezeichnet. In der Höhe die 1.–4. Reihe stets wiederholen.

### MASCHENPROBE GLATT RECHTS
12 Maschen und 18 Reihen = 10 x 10 cm

**Hinweis:** Das 1. Knäuel von außen nach innen, das 2. Knäuel von innen nach außen abstricken.

## SO WIRD´S GEMACHT

**Zuerst Schnittmuster A beachten!**

An der Vorderkante des linken Vorderteils inklusive Kapuze beginnen. Dafür 324 Maschen anschlagen und für die vordere Randblende 5 cm = 12 Reihen im Randmuster stricken. Anschließend in folgender Einteilung weiterarbeiten: für die untere Randblende 1 Randmasche und 10 Maschen Randmuster, 302 Maschen glatt rechts, für die untere Randblende 10 Maschen Randmuster und 1 Randmasche. Nach 16 cm = 30 Reihen ab Beenden der vorderen Randblende die äußeren je 114 Maschen stilllegen und über den mittleren 96 Maschen für die Kapuze weiterstricken. Nach 9 cm = 17 Reihen Kapuzenhöhe nur über den ersten 48 Maschen stricken, dann für

die rückwärtige Kapuzennaht die letzten 48 Maschen mit den ersten 48 Maschen zusammenstricken (= beide Nadeln parallel zueinander legen und je 1 Masche der vorderen Nadel mit 1 Masche der hinteren Nadel links zusammenstricken, gleiche Zeichen im Schnitt treffen aufeinander).

**Nun Schnittmuster B beachten!**

Von Punkt A aus (= rückwärtige Mitte) 80 Maschen neu anschlagen und aus der Anschlagkante mit der 2. Rundstricknadel 80 Maschen auffassen. Über diese 160 Maschen für das Rückenteil im Zusammenhang glatt rechts weiterstricken. In der 1. Reihe aus der untersten (= 80.) Masche 1 Masche rechts, 1 Masche rechts verschränkt und 1 Masche rechts herausstricken = 162 Maschen. Diese Maschen sind in der Schnittübersicht mit einem roten Punkt markiert. Die jeweils äußere dieser 3 Maschen mit je 1 Kontrastfaden markieren. Nun für den unteren Keil des Rückenteils in jeder folgenden 2. und 3. Reihe beidseitig dieser markierten Maschen je 1 Masche verschränkt aus dem Querfaden herausstricken. Am Ende jeder Reihe die letzte Masche mit der Randmasche des

## MATERIAL

- Woolly Hugs BOBBEL MOHAIR (45 % Polyacryl, 40 % Polyamid, 15 % Mohair, Lauflänge ca. 500 m/150 g) von L&K (www.VeronikaHug.com): 300 g Gelb-Orange mit Farbverlauf (Farbe Nr. 202)
- 1 lange Rundstricknadel Nr. 6
- 2 Hilfsnadeln (lange Rundstricknadeln) zum Maschen stilllegen
- 1 Knopf, ca. 15 mm Ø

unteren Kapuzenrandes zusammenstricken. Nach 18 Reihen sind die
Randmaschen des unteren Kapuzenrandes aufgebraucht und es sind
noch 192 Maschen vorhanden.
Anschließend die stillgelegten 114
Maschen der Vorderteile wieder hin-
zunehmen und über alle 420 Maschen weiterstricken. Die Zunahmen
für den unteren Keil des Rückenteils
sinngemäß fortsetzen. Nach 10,5 cm
= 20 Reihen ab Zusammenschluss
über alle 490 Maschen noch 5 cm
= 12 Reihen im Randmuster stricken, dabei die Zunahmen für den
unteren Keil sinngemäß fortsetzen
und die zugenommenen Maschen
mustergemäß in das Randmuster
einfügen. Anschließend alle 522
Maschen abketten.

**Fertigstellung:** Seitennähte
schließen, dabei die unteren je
27,5 cm als Schlitze offen lassen.
Knopf laut Foto entsprechend
der gewünschten Weite am linken
Vorderteil annähen. Der Knopf
kann ohne Knopfloch durch die
locker gestrickten Maschen zu-
geknöpft werden.

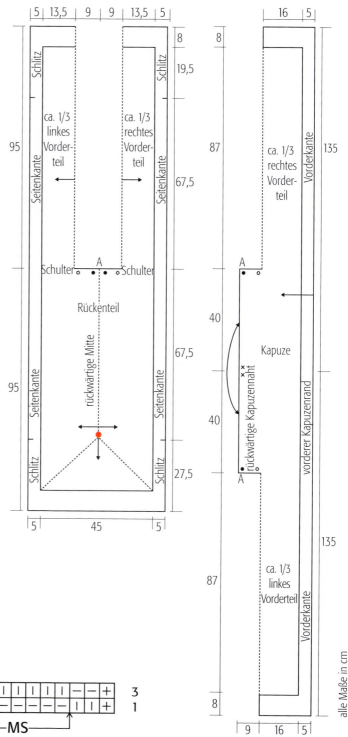

## SCHNITTZEICHNUNG B

## SCHNITTZEICHNUNG A

alle Maße in cm

## ZEICHENERKLÄRUNG
+ = 1 Randmasche
I = 1 Masche rechts
− = 1 Masche links

## STRICKSCHRIFT

| + | − | − | I | I | I | I | I | I | − | − | I | I | I | I | I | I | − | − | + | | 3 |
| + | I | I | − | − | − | − | − | − | I | I | − | − | − | − | − | − | I | I | + | | 1 |

MS

# KIMONO

**KAPUZENPULLI, GRÖSSE: 38–40 (42–44) 46–48**

**Hinweis:** Die Angaben für Größe 38–40 stehen vor der Klammer, für Größe 42–44 in der Klammer, für Größe 46–48 nach der Klammer. Gibt es nur eine Angabe, so gilt diese für alle Größen.

## MUSTER

**Kettrandmasche:** Am Reihenanfang die Masche rechts verschränkt abstricken, am Reihenende die Masche links abheben (Faden vor der Arbeit).

**Kraus rechts:** Hin- und Rückreihe rechte Maschen stricken.

**Glatt rechts:** Hinreihe rechte Maschen, Rückreihe linke Maschen stricken.

**Glatt links**: Hinreihe linke Maschen, Rückreihe rechte Maschen stricken.

**Strukturmuster 1 und 2:** Maschenzahl teilbar durch 12 + 6 Maschen (inklusive 1 Randmasche): Laut Strickschrift 1 bzw. 2 arbeiten. Die Zahlen rechts außen bezeichnen die Hinreihen, links außen die Rückreihen. In der Breite bei Strickschrift 1 mit den Maschen vor dem Mustersatz (MS) beginnen, den MS stets wiederholen, bei Strickschrift 2 den MS stets wiederholen, enden mit den Maschen nach dem Mustersatz. In der Höhe die 1.–7. Reihe stets wiederholen.

**Strukturmuster 3 (über 6 Maschen):** Laut Strickschrift 3 arbeiten. Die Zahlen rechts außen bezeichnen die Hinreihen, links außen die Rückreihen. In der Breite die gezeichneten 6 Maschen (= Mitte) 1 x ausführen. Diese Maschen werden an der Kapuze zwischen den Strukturmustern 1 und 2 gestrickt. Zur besseren Übersicht ist der jeweils letzte bzw. 1. MS des Strukturmusters vor bzw. nach der Mitte nochmals, blau unterlegt, mit eingezeichnet. In der Höhe die 1.–7. Reihe stets wiederholen.

## MATERIAL

- Woolly Hugs NOBLY
  (74 % Baumwolle, 26 % Seide,
  Lauflänge ca. 125 m/50 g)
  von L&K (www.VeronikaHug.com):
  650 (700) 750 g Mint (Farbe Nr. 65)
- Rundstricknadel Nr. 4,5 und Nr. 5
- 3 Hilfsnadeln zum Maschen stilllegen
- 1 Maschenmarkierer

**MASCHENPROBE GLATT RECHTS MIT NADELN NR. 5**
17 Maschen und 27 Reihen = 10 x 10 cm
**MASCHENPROBE IN DEN STRUKTUR-MUSTERN MIT NADELN NR. 5**
19 Maschen und 27 Reihen = 10 x 10 cm

## SO WIRD´S GEMACHT

**Rückenteil:** 84 (91) 98 Maschen mit Nadeln Nr. 4,5 anschlagen und für die Randblende mit 1 Rückreihe beginnend 4,5 cm = 15 Reihen kraus rechts stricken. Anschließend mit Nadeln Nr. 5 glatt rechts weiterarbeiten. Für die Kimonoform und die Ärmelschrägungen nach 15,5 cm = 42 Reihen ab Randblende beidseitig je 1 Masche zunehmen. Danach in jeder folgenden 2. Reihe noch 10 x je 1 Masche, 4 x je 2 Maschen, 2 x je 3 Maschen, 1 x 4 Maschen beidseitig zunehmen, dann beidseitig je 22 Maschen neu dazu anschlagen. Damit sind die unteren Ärmelränder erreicht und 186 (193) 200 Maschen vorhanden. Hier eine Markierung anbringen. Nach 20 cm = 54 Reihen (22,5 cm = 61 Reihen) 25 cm = 68 Reihen ab Markierung die Maschen auf eine Hilfsnadel legen. Die äußeren je 78 (80) 81 Maschen bilden die obere Ärmel-Schulterlinie, die mittleren 30 (33) 38 Maschen den rückwärtigen Halsausschnitt bzw. den Übergang zur Kapuze.

**Rechtes Vorderteil:** 84 (91) 98 Maschen mit Nadeln Nr. 4,5 anschlagen und die Randblende wie am Rückenteil stricken. Anschließend mit Nadeln Nr. 5 in folgender Einteilung weiterarbeiten: Für die Wickelblende über den folgenden 38 Maschen im Strukturmuster 1 stricken, dabei gleichmäßig verteilt 4 x je 1 Masche verschränkt aus dem Querfaden zunehmen, 46 (53) 60 Maschen glatt rechts = 88 (95) 102 Maschen. Für die Wickelschrägung nach 6 (6) 4 Reihen ab Randblende die ersten beiden Maschen nach den 42 Maschen der Wickelblende überzogen zusammenstricken. Dieses Abnehmen noch 8 x in jeder 6. Reihe und 10 x in jeder 8. Reihe (23 x in jeder 6. Reihe) 3 x in jeder 4. Reihe und 22 x in jeder 6. Reihe wiederholen. Die Zunahmen für die Kimonoform und die Ärmelschrägung am linken Rand in gleicher Höhe und Weise wie beim Rückenteil ausführen und nach Aufschlingen der Maschen eine Markierung anbringen. Nach 22,5 cm = 61 Reihen (25 cm = 68 Reihen) 27,5 cm = 75 Reihen ab Markierung alle Maschen auf eine Hilfsnadel legen. Die ersten 42 Maschen bilden den vorderen Halsausschnitt bzw. den Übergang zur Kapuze, die letzten 78 (80) 81 Maschen die Ärmel-Schulterlinie. Hier wurden 8 Reihen mehr als am Rückenteil gestrickt, damit der Kapuzenansatz etwas nach hinten versetzt liegt.

**Linkes Vorderteil:** Aus der letzten Blendenreihe des rechten Vorderteils von der linken Seite aus 84 (91) 98 Maschen auffassen und das linke Vorderteil ohne Randblende gegengleich zum rechten Vorderteil stricken, dabei die Mustereinteilung gegengleich ausführen und anstatt im Strukturmuster 1 im Strukturmuster 2 stricken. In der 1. Reihe sind durch die Zunahmen 88 (95) 102 Maschen vorhanden. Für die Abnahmen der Wickelschrägung anstatt 2 Maschen überzogen zusammenzustricken je 2 Maschen rechts zusammenstricken.

Nun die oberen Ärmel-Schulterlinien im Maschenstich schließen.

**Kapuze:** Zuerst die 42 Maschen der rechten Wickelblende im Strukturmuster 1 abstricken, dann die 30 (33) 38 Maschen des rückwärtigen Halsausschnitts abstricken, dabei in der 1. Reihe gleichmäßig verteilt 0 (9) 4 x je 1 Masche verschränkt aus dem Querfaden zunehmen, die ersten 12 (18) 18 Maschen im Strukturmuster 1, die mittleren 6 Maschen im Strukturmuster 3, die letzten 12 (18) 18 Maschen im Strukturmuster 2 und die 42 Maschen der linken Wickelblende im Strukturmuster 2 stricken. Über diese 114 (126) 126 Maschen in der bisherigen Strukturmustereinteilung weiterarbeiten. Nach 26,5 cm = 72 Reihen Kapuzenhöhe für die Kapuzenform vor den mittleren 6 Maschen je 2 Maschen rechts zusammenstricken, nach den mittleren 6 Maschen je 2 Maschen überzogen zusammenstricken.

## ZEICHENERKLÄRUNG

+ = 1 Randmasche, diese an dieser Stelle als Kettrandmasche stricken

□ = Hinreihen: 1 Masche rechts; Rückreihen: 1 Masche links

x = Hinreihen: 1 Masche links; Rückreihen: 1 Masche rechts

## STRICKSCHRIFT 1

| 1 | 2 | 3 | 4 | 5 | 6 | 7 | 8 | 9 | 10 | 11 | 12 | 13 | 14 | Reihe |
|---|---|---|---|---|---|---|---|---|----|----|----|----|----|---|
| × | × | × | × | × | × |   |   | × | ×  | ×  | ×  | ×  | +  | 7 |
| × | × | × | × | × |   | × |   | × | ×  | ×  | ×  | ×  | +  | 6 |
| × | × | × | × |   |   | × | × |   | ×  | ×  | ×  |    | +  | 5 |
| × | × | × |   |   | × | × | × |   |    | ×  | ×  |    | +  | 4 |
| × | × |   |   | × | × | × | × |   |    |    | ×  |    | +  | 3 |
| × |   |   |   | × | × | × | × | × |    |    |    | ×  | +  | 2 |
|   |   |   |   |   | × | × | × | × | ×  | ×  | ×  |    | +  | 1 |

MS

## STRICKSCHRIFT 2

| 1 | 2 | 3 | 4 | 5 | 6 | 7 | 8 | 9 | 10 | 11 | 12 | 13 | 14 | Reihe |
|---|---|---|---|---|---|---|---|---|----|----|----|----|----|---|
| + | × | × | × | × | × |   |   | × | ×  | ×  | ×  | ×  | ×  | 7 |
| + | × | × | × | × |   | × |   | × | ×  | ×  | ×  | ×  | ×  | 6 |
| + | × | × | × |   |   | × | × |   | ×  | ×  | ×  | ×  |    | 5 |
| + | × | × |   |   | × | × | × |   |    | ×  | ×  | ×  |    | 4 |
| + | × |   |   | × | × | × | × |   |    |    | ×  | ×  |    | 3 |
| + |   |   | × | × | × | × | × | × |    |    |    | ×  |    | 2 |
| + |   |   | × | × | × | × | × | × | ×  |    |    |    |    | 1 |

MS

Dieses Abnehmen noch 5 x in jeder folgenden 2. Reihe wiederholen. Nach 31 cm = 84 Reihen Kapuzenhöhe die Maschen auf eine Hilfsnadel legen.

**Fertigstellung:** Die beiden Kapuzenhälften am oberen Rand gegeneinanderlegen und im Maschenstich zusammennähen. Aus den Anschlagkanten der Ärmel mit Nadeln Nr. 4,5 ca. 72 (78)

84 Maschen auffassen und für die Ärmelblenden je 4,5 cm = 15 Reihen kraus rechts stricken, dann die Maschen rechts abketten. Seiten- und untere Ärmelnähte schließen.

## STRICKSCHRIFT 3

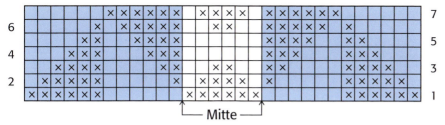

— Mitte —

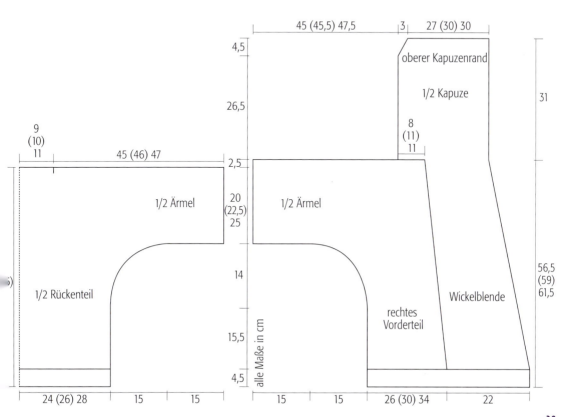

# HELSINKI

**PONCHO, EINHEITSGRÖSSE: 36–38 (40–42) 44–46**

**Hinweis:** Die Angaben für Größe 36–38 stehen vor der Klammer, für Größe 40–42 in der Klammer, für Größe 44–46 nach der Klammer. Gibt es nur eine Angabe, so gilt diese für alle Größen.

## MUSTER

**Kettrandmasche:** Am Reihenanfang die Masche rechts verschränkt abstricken, am Reihenende die Masche links abheben (Faden vor der Arbeit).
**Glatt rechts:** Hinreihe rechte, Rückreihe linke Maschen stricken.
**Zopfstreifen A über 6 Maschen: 1. Reihe:** 6 Maschen nach links verzopfen (= 3 Maschen auf 1 Zopfnadel vor die Arbeit legen, die folgenden 3 Maschen rechts stricken, dann die 3 Maschen der Zopfnadel rechts stricken); **2.–6. Reihe:** glatt rechts. Die 1.–6. Reihe stets wiederholen.
**Zopfstreifen B über 6 Maschen: 1. Reihe:** 6 Maschen nach rechts verzopfen (= 3 Maschen auf 1 Zopfnadel hinter die Arbeit legen, die folgenden 3 Maschen rechts stricken, dann die 3 Maschen der Zopfnadel rechts stricken); **2.–6. Reihe:** glatt rechts. Die 1.–6. Reihe stets wiederholen.

**MASCHENPROBE GLATT RECHTS**
10,5 Maschen und 16 Reihen doppelfädig gestrickt = 10 x 10 cm;
**6 Maschen Zopfstreifen A bzw. B:** 3 cm breit

**Hinweis:** Je 1 Faden CLOUD und SHEEP zusammen (= doppelfädig) verstricken. Die Qualität CLOUD jeweils von innen nach außen abstricken.

## SO WIRD´S GEMACHT

**Rückenteil:** 3 Maschen doppelfädig anschlagen und mit 1 Rückreihe beginnend glatt rechts stricken. Bereits in der 2. Reihe und noch 4 x in jeder

## MATERIAL

- Woolly Hugs SHEEP
  (50 % Wolle, Merino extrafein,
  28 % Baumwolle, 22 % Polyamid,
  Lauflänge ca. 110 m/50 g)
  von L&K (www.VeronikaHug.com):
  200 (300) 300 Anthrazit (Farbe Nr. 98)
- Woolly Hugs CLOUD
  (94 % Schurwolle, 6 % Polyamid,
  Lauflänge ca. 300 m/100 g)
  von L&K (www.VeronikaHug.com):
  200 (300) 300 g Rot (Farbe Nr. 182)
- Stricknadeln Nr. 7
- 1 Zopfnadel
- 3 Hilfsnadeln zum Maschen stilllegen
- 2 Maschenmarkierer

folgenden 2. Reihe beidseits der Mittelmasche je 1 Masche rechts verschränkt aus dem Querfaden zunehmen = 13 Maschen. Dazwischen nach 11 Reihen ab Anschlag über den ersten 6 Maschen im Zopfstreifen A, über den letzten 6 Maschen im Zopfstreifen B stricken. Nun weiterhin in jeder 2. Reihe nach dem Zopfstreifen A und vor dem Zopfstreifen B je 1 Masche rechts verschränkt aus dem Querfaden zunehmen. Die zugenommenen Maschen glatt rechts stricken. Nach 42 cm = 63 Reihen (46 cm = 69 Reihen) 50 cm = 75 Reihen ab Anschlag sind 67 (73) 79 Maschen vorhanden. Hier beidseitig je 1 Markierung anbringen. Nun gerade weiterstricken. Nach 9,5 cm = 14 Reihen (8 cm = 12 Reihen) 7 cm = 10 Reihen ab Markierung für die Schulterschrägungen beidseitig je 4 Maschen, danach in jeder 2. Reihe noch 5 x je 4 Maschen (3 x je 4 Maschen und 2 x je 5 Maschen) 1 x 4 Maschen und 4 x je 5 Maschen abketten. Dann die restlichen 19 (21) 23 Maschen für den rückwärtigen Halsausschnitt stilllegen.

**Vorderteil:** Wie das Rückenteil beginnen, jedoch mit Schlitz. Dafür nach 2,5 cm = 4 Reihen (1 cm = 2 Reihen) 0 cm = 0 Reihen ab Markierung über den ersten 31 (34) 37 Maschen zuerst das im Tragen linke Vorderteil beenden. Für den Untertritt am Teilungsrand 1 x 6 Maschen neu dazu anschlagen = 37 (40) 43 Maschen. Über die neu ange-

schlagenen Maschen im Zopfmuster A stricken, die übrigen Maschen weiterhin glatt rechts arbeiten. Die Schulterschrägung am rechten Rand in gleicher Höhe und Weise wie am Rückenteil ausführen. Nach der letzten Schulterabnahme die restlichen 13 (14) 15 Maschen für den vorderen Halsausschnitt auf eine Hilfsnadel legen. Nun am Teilungsrand 1 Randmasche neu dazu anschlagen und zusammen mit den letzten 36 (39) 42 Maschen das im Tragen rechte Vorderteil gegengleich ausführen = 37 (40) 43 Maschen. Über den ersten 6 Maschen (= diese bilden den Übertritt) im Zopfstreifen B stricken.

Nun die Teile spannen, anfeuchten und trocknen lassen. Schulternähte schließen.

**Kapuze:** Die je 13 (14) 15 stillgelegten Maschen des Vorderteils sowie die 19 (21) 23 stillgelegten Maschen des Rückenteils im Zusammenhang abstricken, dabei die äußeren je 6 Maschen weiterhin im Zopfstreifen A bzw. B, die mittleren 33 (37) 41 Maschen glatt rechts stricken. Für die Kapuzenform 7 x in jeder 2. Reihe beidseits der Mittelmasche je 1 Masche rechts verschränkt aus dem Querfaden zunehmen = 59 (63) 67 Maschen. 18,5 cm = 28 Reihen (20 cm = 30 Reihen) 21,5 cm = 32 Reihen gerade stricken, dann wieder 7 x in jeder 2. Reihe je 1 Masche abnehmen. Für die Abnahmen vor der Mittelmasche 2 Maschen rechts zusammenstricken, nach der Mittelmasche 2 Maschen überzogen zusammenstricken. Anschließend die restlichen je 45 (49) 53 Masche verteilt auf 2 Hilfsnadeln legen.

**Fertigstellung:** Die Maschen der Hilfsnadeln gegeneinanderlegen und die obere Kapuzennaht im Maschenstich schließen. Untertritt unter den Übertritt nähen. Mit Anthrazit und Rot 2 Pompons von ca. 12 cm Durchmesser anfertigen und jeweils an die Spitze von Vorder- und Rückenteil nähen.

Büchereien Wien
Hauptbücherei - Am Gürtel
1070 Wien, Urban-Loritz-Platz 2a
Tel. (+43 1) 4000 84500
Öffnungszeiten:
Montag bis Freitag 11:00 - 19:00 Uhr
Samstag 11:00-17:00 Uhr

Beleg:

**Benutzername: RANDL, Lorena**
**Benutzer-Nr.: \*\*\*\*\*\*\*5910**

**Medien, die Sie entlehnt haben**

Titel: Danielsen, Annette: Winterstrick
:   SBW-56742886
**Rückgabedatum: Dienstag, 22. April 2025**

Titel: Hug, Veronika: Woolly Hugs Hoodies
stricken
:   SBW-59833587
**Rückgabedatum: Dienstag, 22. April 2025**

Titel: Münchenberg, Chri...: Jersey-T-Shirts
nähen
:   SBW-61268032
**Rückgabedatum: Dienstag, 22. April 2025**

Titel: Wilhelm, Laura: Blusenshirts ganz
einfach nähen
:   SBW-61258646
**Rückgabedatum: Dienstag, 22. April 2025**

Gesamtanzahl Medien: 4
Kontostand: € 0,00
03.2025 16:07
Ausgeborgt: 4
Überfällig: 0
Nachrichten:

Verlängerungen im Internet.
https://www.buechereien.wien.gv.at

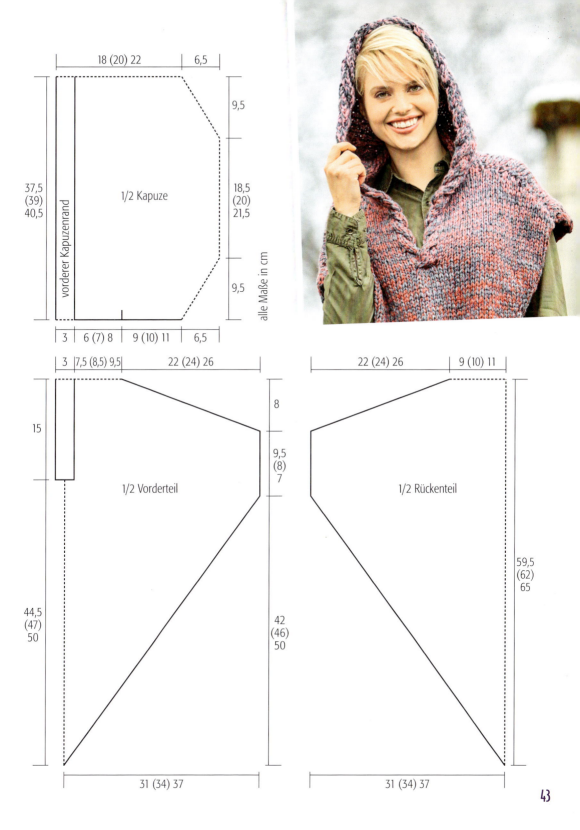

**1/2 Kapuze**

18 (20) 22    6,5

9,5

18,5
(20)
21,5

9,5

37,5
(39)
40,5

vorderer Kapuzenrand

alle Maße in cm

3    6 (7) 8    9 (10) 11    6,5

3    7,5 (8,5) 9,5    22 (24) 26

22 (24) 26    9 (10) 11

8

9,5
(8)
7

15

**1/2 Vorderteil**

**1/2 Rückenteil**

44,5
(47)
50

42
(46)
50

59,5
(62)
65

31 (34) 37

31 (34) 37

# CASUAL STYLE

## HOODIE, GRÖSSE: 36–40 (42–46)

**Hinweis:** Die Angaben für Größe 36–40 stehen vor der Klammer, für Größe 42–46 in der Klammer. Gibt es nur eine Angabe, so gilt diese für beide Größen.

## MUSTER

**Rippenmuster:** 1 Masche rechts, 1 Masche links im Wechsel stricken.

**Tweedmuster:** Maschenzahl teilbar durch 4 + 2 Randmaschen: **1. Reihe** (Hinreihe) mit Anthrazit: Randmasche, 1 Masche rechts, * 2 Maschen links, 2 Maschen rechts, ab * stets wiederholen, enden mit 2 Maschen links, 1 Masche rechts, Randmasche; **2. Reihe** (Rückreihe) mit Kontrastfarbe: Maschen stricken, wie sie erscheinen; **3. Reihe** (Hinreihe) mit Kontrastfarbe: Randmasche, 1 Masche links, * 2 Maschen rechts, 2 Maschen links, ab * stets wiederholen, enden mit 2 Maschen rechts, 1 Masche links, Randmasche; **4. Reihe** (Rückreihe) mit Anthrazit: Maschen stricken, wie sie erscheinen. Die 1.–4. Reihe stets wiederholen.

**Farbfolge 1:** Die Kontrastfarben wie folgt ausführen: 6 x Blau, 1 x Grün, 2 x Blau, 1 x Grün, 1 x Blau, 2 x Grün, 1 x Blau, 6 x Grün, 1 x Grau, 2 x Grün, 1 x Grau, 1 x Grün, 2 x Grau, 1 x Grün, 6 (7) x Grau.

**Farbfolge 2:** Die Kontrastfarbe stets in Grau stricken.

### MASCHENPROBE IM TWEEDMUSTER

13,5 Maschen und 21 Reihen = 10 x 10 cm

## MATERIAL

- Woolly Hugs SHEEP (50 % Wolle, Merino extrafein, 28 % Baumwolle, 22 % Polyamid, Lauflänge ca. 110 m/50 g) von L&K (www.VeronikaHug.com):
  250 (300) g Anthrazit (Farbe Nr. 98)
  100 (150) g Blau (Farbe Nr. 55)
  100 (150) g Hellgrau (Farbe Nr. 90)
  100 (150) g Grün (Farbe Nr. 72)
- Stricknadeln Nr. 5,5 und Nr. 6
- 2 Zopfnadeln (Maschenraffer)
- 2 Maschenmarkierer

45

# SO WIRD´S GEMACHT

**Rückenteil:** 69 (77) Maschen mit Nadeln Nr. 5,5 in Anthrazit anschlagen und für den Bund mit 1 Rückreihe beginnend 7 cm im Rippenmuster stricken. In der letzten Bundreihe 1 Masche zunehmen = 70 (78) Maschen. Anschließend mit 1 Hinreihe beginnend mit Nadeln Nr. 6 im Tweedmuster in Farbfolge 1 weiterstricken. Nach 45 cm = 94 Reihen (44 cm = 92 Reihen) ab Bund beidseitig den Beginn der Armausschnitte markieren. Für den Halsausschnitt nach 18 cm = 38 Reihen (21 cm = 44 Reihen) ab Markierung die mittleren 20 (22) Maschen abketten und beide Seiten getrennt beenden. Am inneren Rand für die Rundung in der folgenden 2. Reihe noch 1 x 4 Maschen abketten. Die restlichen je 21 (24) Maschen für die Schultern nach 2 cm = 4 Reihen Halsausschnitthöhe gerade abketten.

**Vorderteil:** Genauso stricken, jedoch mit Schlitzblende und tieferem Halsausschnitt. Für die Schlitzblende (= Übertritt) nach 8,5 cm = 18 Reihen (11,5 cm = 24 Reihen) ab Markierung die mittleren 6 Maschen im Rippenmuster in Anthrazit stricken und über diesen Maschen zusammen mit den letzten 32 (36) Maschen zuerst die linke Seite beenden. Beim Farbwechsel innerhalb einer Reihe die Fäden auf der Rückseite der Arbeit miteinander verkreuzen, damit keine Löcher entstehen. Nach 7,5 cm = 16 Reihen Schlitzblendenhöhe die 6 Schlitzmaschen auf eine Zopfnadel legen. Gleichzeitig für die Ausschnittrundung am inneren Rand 1 x 5 (6) Maschen, dann in jeder 2. Reihe 1 x 3 Maschen, 1 x 2 Maschen und 1 x 1 Masche abketten. Die restlichen 21 (24) Maschen für die Schulter in gleicher Höhe wie am Rückenteil abketten. Nun für den Untertritt aus dem Blendenansatz von der linken Seite aus mit Anthrazit 6 Maschen auffassen und zusammen mit den ersten 32 (36) Maschen die rechte Seite gegengleich beenden.

**Ärmel (2 x):** 29 (33) Maschen mit Nadeln Nr. 5,5 in Anthrazit anschlagen und für den Bund mit 1 Rückreihe beginnend 7 cm im Rippenmuster stricken. In der letzten Bundreihe 1 Masche zunehmen = 30 (34) Maschen. Anschließend mit 1 Hinreihe beginnend mit Nadeln Nr. 6 im Tweedmuster in Farbfolge 1 weiterstricken. Für die Ärmelschrägungen ab Bund beidseitig 12 x in jeder 6. Reihe (10 x in jeder 6. Reihe und 4 x in jeder 4. Reihe) je 1 Masche zunehmen = 54 (62) Maschen. Nach 38 cm = 80 Reihen ab Bund die Maschen abketten.

Nun die Teile spannen, anfeuchten und trocknen lassen. Dann die Schulternähte schließen.

**Kapuze:** Mit Nadeln Nr. 6 die je 6 Maschen der Schlitzblenden in Anthrazit abstricken und dazwischen aus dem vorderen und rückwärtigen Halsausschnitt 72 (76) Maschen auffassen. Über den ersten und letzten je 6 Maschen für den vorderen Kapuzenrand weiterhin im Rippenmuster in Anthrazit stricken, über den mittleren 72 (76) Maschen im Tweedmuster in Farbfolge 2 arbeiten. Nach 26,5 cm = 56 Reihen Kapuzenhöhe für die Kapuzenform beidseits der Mitte je 2 Maschen mustergemäß zusammenstricken. Dieses Abnehmen noch 7 x in jeder folgenden 2. Reihe wiederholen. Nach 34 cm = 72 Reihen Kapuzenhöhe die restlichen 56 (60 Maschen) abketten.

**Fertigstellung:** Obere Kapuzennaht schließen. Schmalseite des Untertritts unter den Übertritt nähen. Seiten- und Ärmelnähte schließen, dabei an den Seitennähten die oberen je 20 (23) cm ab Markierung für die Armausschnitte offen lassen. Ärmel einsetzen.

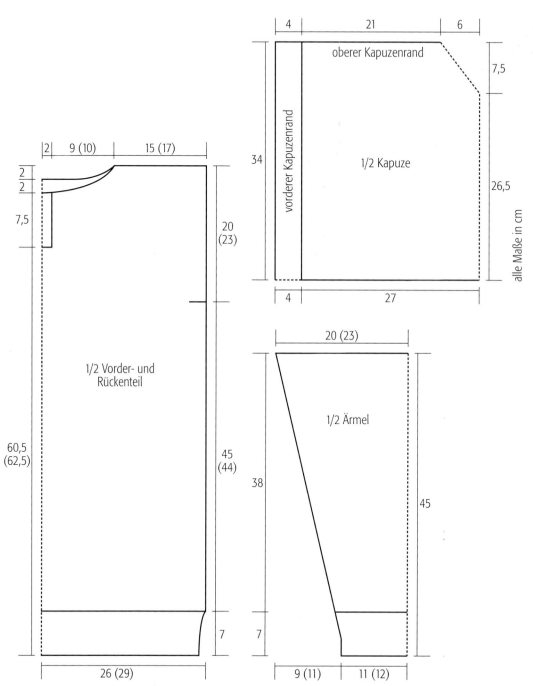

4    21    6

oberer Kapuzenrand

7,5

vorderer Kapuzenrand

34

1/2 Kapuze

26,5

alle Maße in cm

4

27

2|   9 (10)    15 (17)

2
2

7,5

20
(23)

20 (23)

1/2 Vorder- und
Rückenteil

1/2 Ärmel

60,5
(62,5)

45
(44)

38

45

7

7

7

26 (29)

9 (11)    11 (12)

# STOCKHOLM

**KAPUZENMANTEL, GRÖSSE: 36–40 (42–46)**

**Hinweis:** Die Angaben für Größe 36–40 stehen vor der Klammer, für Größe 42–46 in der Klammer. Gibt es nur eine Angabe, so gilt diese für beide Größen.

## MUSTER

**Patentmuster: 1. Reihe (Hinreihe):** Randmasche, * 1 Masche rechts, 1 Masche mit 1 Umschlag abheben, ab * stets wiederholen, enden mit 1 Masche rechts, Randmasche; **2. Reihe (Rückreihe):** Randmasche, * 1 Masche mit 1 Umschlag abheben, die folgende Masche mit dem Umschlag zusammen rechts abstricken, ab * stets wiederholen, enden mit 1 Masche mit 1 Umschlag abheben, Randmasche; **3. Reihe (Hinreihe):** Randmasche, * 1 Masche mit dem Umschlag zusammen rechts abstricken, 1 Masche mit 1 Umschlag abheben, ab * stets wiederholen, enden mit 1 Masche mit dem Umschlag zusammen rechts abstricken, Randmasche. Die 2. und 3. Reihe stets wiederholen.
**Streifenfolge im Patentmuster:** Abwechselnd 20 Reihen in Natur und 10 Reihen in Beige-Color stricken, dabei nach jedem Farbwechsel auch das Muster um 1 Masche versetzen.

**MASCHENPROBE IM PATENTMUSTER**
11,5 Maschen und 26 Reihen = 10 x 10 cm

**Hinweis:** Zunächst die Ärmel arbeiten, dann Rücken- und Vorderteil im Zusammenhang beginnen.

## MATERIAL

- Woolly Hugs SHEEP (50 % Wolle, Merino extrafein, 28 % Baumwolle, 22 % Polyamid, Lauflänge ca. 110 m/50 g) von L&K (www.VeronikaHug.com): je 300 (350) g Natur (Farbe Nr. 05) und Beige-Color (Farbe Nr. 87)
- Rundstricknadel Nr. 5,5–Nr. 6
- 1 Häkelnadel Nr. 5,5
- 4 Hilfsnadeln (Maschenraffer)
- 5 Knöpfe

### SO WIRD´S GEMACHT

**Ärmel (2 x):** 35 (41) in Beige-Color anschlagen und 20 Reihen mit der Vorderseite nach innen für den Umschlag im Patentmuster stricken. Danach die Arbeit wenden und nochmals 20 Reihen im Patentmuster stricken. Anschließend in der Streifenfolge weiterarbeiten, dabei mit 10 Reihen Beige-Color beginnen. Gleichzeitig für die Ärmelschrägungen beidseitig 10 x in jeder 8. Reihe je 1 Masche mustergemäß zunehmen = 55 (61) Maschen. Nach 90 Reihen ab Umschlag für den Armausschnitt beidseitig je 4 Maschen abketten und die restlichen 47 (53) Maschen stilllegen.

**Taschenbeutel (2 x):** 17 Maschen in Beige-Color anschlagen und 30 Reihen im Patentmuster stricken, dann die Maschen stilllegen.

**Rückenteil** und **Vorderteile** im Zusammenhang beginnen. Dafür 145 (169) Maschen in Beige-Color anschlagen und 30 Reihen im Patentmuster stricken. In der letzten Reihe die Taschenbeutel wie folgt einfügen: 12 (16) Maschen stricken, die folgenden 17 Maschen abketten und dafür die stillgelegten Maschen eines Taschenbeutels einfügen. Die folgenden 87 (103) Maschen stricken, dann wieder 17 Maschen abketten und dafür die stillgelegten Maschen des zweiten Taschenbeutels einfügen. Anschließend die letzten 12 (16) Maschen stricken. Nun die Maschen wie folgt aufteilen: 8 Maschen Blende (stets in Beige-Color stricken) 30 (36) Maschen rechtes Vorderteil, 69 (81) Maschen Rückenteil, 30 (36) Maschen linkes Vorderteil, 8 Maschen Blende (stets in Beige-Color). Für jede Farbfläche ein gesondertes Knäuel verwenden und beim Farbwechsel die Fäden auf der Rückseite der Arbeit miteinander verkreuzen, damit keine Löcher entstehen. Nun 120 Reihen in der Streifenfolge arbeiten, dabei – außer bei den Blenden – bei jedem Farbwechsel das Muster um 1 Masche versetzen. Dazwischen jeweils in der Mitte jedes naturfarbenen Streifens 1 Knopfloch einstricken. Für jedes Knopfloch die 3. und 4. Masche abketten und in der folgenden Rückreihe wieder neu anschlagen.

Nach 120 Reihen ab Einstricken der Taschen für die Armausschnitte wie folgt Maschen abketten: 8 Maschen Blende, 26 (32) Maschen Vorderteil stricken, 8 Maschen abketten, 61 (73) Maschen Rückenteil stricken, 8 Maschen abketten, 26 (32) Maschen Vorderteil, 8 Maschen Blende stricken.

**Passe:** Für die Passe in der folgenden Reihe die Ärmel einfügen: 8 Maschen Blende, 26 (32) Maschen Vorderteil, 47 (53) Maschen Ärmel, 61 (73) Maschen Rückenteil, 47 (53) Maschen Ärmel, 26 (32) Maschen Vorderteil, 8 Maschen Blende. Über diese 223 (259) Maschen zunächst 10 Reihen in Beige-Color stricken, dann in Natur weiterarbeiten. In der folgenden Reihe gleichmäßig verteilt 20 (24) x 2 Maschen abnehmen. Dafür jeweils 3 Maschen zusammenstricken, so dass das Muster in der folgenden Reihe fortgesetzt werden kann.

Nach weiterer 10 (12) Reihen verteilt 10 (12) x 2 Maschen abnehmen. Nach weiterer 10 (12) Reihen wieder 20 (24) x 2 Maschen abnehmen. Dann wieder in Beige-Color weiterstricken und nach weiterer 10 (12) Reihen nochmals 20 (24) x 2 Maschen abnehmen.

Nun, damit die Kapuze später gut fällt, innerhalb der Blenden-Maschen 2 Reihen glatt rechts stricken, die Blenden-Maschen weiterhin im Patentmuster.

Über den restlichen 83 (91) Maschen für die Kapuze die Blenden weiterführen und nach bzw. vor der Blende je 1 Maschen abnehmen = 81 (89) Maschen. Die Kapuze in Natur im Grundmuster stricken. Nach 95 Reihen alle Maschen abketten und die Kapuzennaht schließen.

Für eine bessere Stabilität der Jacke von innen die 2 glatt rechts gestrickten Reihen mit einer Reihe Kettmaschen behäkeln.

**Fertigstellung:** Ärmelnähte schließen. Ärmelbündchen umschlagen und festnähen. Taschenbeutel auf der Innenseite annähen. Knöpfe annähen.

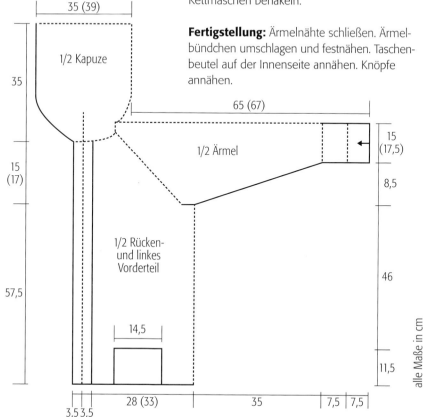

35 (39)

1/2 Kapuze

35

65 (67)

15 (17,5)

1/2 Ärmel

15 (17)

8,5

1/2 Rücken- und linkes Vorderteil

46

57,5

14,5

11,5

28 (33)

35

7,5  7,5

3,5 3,5

alle Maße in cm

# HAMBURG

## KAPUZENPULLI, GRÖSSE: 38–40 (44–46) 48–50

**Hinweis:** Die Angaben für Größe 38–40 stehen vor der Klammer, für Größe 44–46 in der Klammer und für Größe 48–50 nach der Klammer. Gibt es nur eine Angabe, so gilt diese für alle Größen.

## MUSTER

**Knötchenrandmaschen:** In der Hin- und Rückreihe jeweils rechts stricken.

**Hebemaschenmuster:** Maschenzahl teilbar durch 4 + 1 Masche extra, damit das Muster rechts und links symmetrisch ist, + 2 Randmaschen. Jede Reihe beginnt und endet mit 1 Randmasche.
**1. Reihe:** 2 Maschen rechts, * 1 Masche abheben, dabei den Faden hinter der Arbeit mitführen, 3 Maschen rechts, ab * stets wiederholen, enden mit 1 Masche abheben, dabei den Faden hinter der Arbeit mitführen, 2 Maschen rechts; **2. Reihe:** 2 Maschen rechts, * 1 Masche abheben, dabei den Faden vor der Arbeit mitführen, 3 Maschen rechts, ab * stets wiederholen, enden mit 1 Masche abheben, dabei den Faden vor der Arbeit mitführen, 2 Maschen rechts; **3. Reihe:** wie die 1. Reihe; **4. Reihe:** linke Maschen.
**Streifenfolge:** Je 4 Reihen in Grau, Rot und Gelb, je 8 Reihen in Grau, Rot und Gelb, je 12 Reihen in Grau, Rot, Gelb und Grau arbeiten = 84 Reihen.

## MASCHENPROBE IM HEBEMASCHENMUSTER
17 Maschen und 26 Reihen = 10 x 10 cm

## MATERIAL
- Woolly Hugs SHEEP (50 % Wolle, Merino extrafein, 28 % Baumwolle, 22 % Polyamid, Lauflänge ca. 110 m/50 g) von L&K (www.VeronikaHug.com): 400 (450) 500 g Rot (Farbe Nr. 30), je 100 g Gelb (Farbe Nr. 22) und Grau (Farbe Nr. 90)
- Stricknadeln Nr. 5,5–6,5
- 1 Rundstricknadel Nr. 5,5–6,5
- 2 Maschenmarkierer

## SO WIRD´S GEMACHT

**Rückenteil:** 91 (107) 123 Maschen in Grau anschlagen und 1 Rückreihe linke Maschen stricken. Danach 2 Reihen rechte Maschen stricken und anschließend im Hebemaschenmuster in der Streifenfolge arbeiten. Nach 84 Reihen in Rot mustergemäß weiterstricken. Nach 73 cm ab Anschlag die äußeren je 30 (34) 42 Schultermaschen abketten und die mittleren 31 (39) 39 Maschen für die Kapuze stilllegen.

**Vorderteil:** Genauso beginnen, jedoch mit Kapuzenausschnitt: Nach 47,5 cm ab Anschlag die ersten 39 (47) 55 Maschen für die linke Vorderteilhälfte stilllegen und über den restlichen 52 (60) 68 Maschen für die rechte Vorderteilhälfte mustergemäß weiterarbeiten, dabei die 1. Masche als Knötchenrandmasche arbeiten. Nach 73 cm ab Anschlag die äußeren 30 (34) 42 Schultermaschen abketten und die restlichen 22 (26) 26 Maschen für die Kapuze stilllegen. Danach die stillgelegten 39 (47) 55 Maschen der linken Vorderteilhälfte auf die Nadel nehmen und mustergemäß weiterarbeiten, dabei in der 1. Reihe am Teilungsrand für den Untertritt 13 Maschen neu dazu anschlagen und in das Muster einfügen = 52 (60) 68 Maschen. Die letzte Masche als Knötchenrandmasche arbeiten. Nach 73 cm ab Anschlag die äußeren je 30 (34) 42 Schultermaschen stilllegen und die restlichen 22 (26) 26 Maschen für die Kapuze stilllegen.

**Ärmel (2 x):** 47 (55) 63 Maschen in Grau anschlagen und das Muster und die Farben wie beim Rückenteil einteilen. Gleichzeitig für die Ärmelschrägungen ab Anschlag beidseitig 10 x in jeder 10. und 2 x in jeder 8. Reihe (7 x in jeder 10. und 5 x in jeder 8. Reihe) 4 x in jeder 10. und 8 x in jeder 8. Reihe je 1 Masche mustergemäß zunehmen = 71 (79) 87 Maschen. Nach 47 (45) 43 cm ab Anschlag alle Maschen abketten.

**Fertigstellung:** Schulternähte schließen. Für die Kapuze die stillgelegten je 22 (26) 26 Maschen des Vorderteils sowie die 31 (39) 39 Maschen des

Rückenteils auf die Rundstricknadel nehmen und im Hebemaschenmuster weiterarbeiten, dabei in der 1. Reihe beidseitig an der Schulternaht je 1 Masche zunehmen = 77 (93) 93 Maschen und die äußeren Maschen als Knötchenrandmasche arbeiten. Nach 23,5 cm Kapuzenhöhe die mittleren 11 Maschen markieren und beidseits der markierten Maschen 1 x 2 Maschen rechts zusammenstricken, dann in jeder 2. Reihe 4 x je 2 Maschen rechts zusammenstricken = 67 (83) 83 Maschen. Nach 28 cm Kapuzenhöhe die äußeren je 28 (36) 36 Maschen stilllegen und nur über den mittleren 11 Maschen mustergemäß weiterstricken, dabei in jeder Hinreihe die letzte stillgelegte Masche der rechten Kapuzenhälfte mit der 1. markierten Masche rechts zusammenstricken und die letzte markierte Masche mit der 1. stillgelegten Masche der linken Kapuzenhälfte rechts überzogen zusammenstricken, bis alle stillgelegten Maschen aufgebraucht sind. Danach die restlichen 11 Maschen abketten. Den Untertritt der linken Vorderteilhälfte von innen an die rechte Vorderteilhälfte nähen. Ärmel einsetzen, Seiten- und Ärmelnähte schließen.

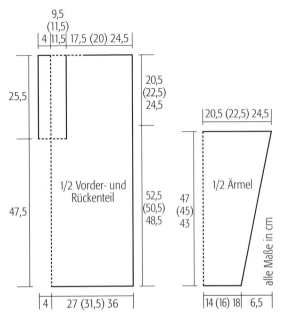

9,5 (11,5)
4 | 11,5 | 17,5 (20) 24,5
25,5
20,5 (22,5) 24,5
20,5 (22,5) 24,5
1/2 Vorder- und Rückenteil
1/2 Ärmel
47,5
52,5 (50,5) 48,5
47 (45) 43
4 | 27 (31,5) 36
14 (16) 18 | 6,5
alle Maße in cm

# WOLKENTRAUM

**SEELENWÄRMER, GRÖSSE: 38–44 (46–52)**

**Hinweis:** Die Angaben für Größe 38–44 stehen vor der Klammer, für Größe 46–52 in der Klammer. Gibt es nur eine Angabe, so gilt diese für beide Größen.

## MUSTER

**Rippenmuster:** 2 Maschen links, 2 Maschen rechts im Wechsel stricken.
**Netzmuster: 1. Reihe (Hinreihe):** Zwischen den Randmaschen rechte Maschen stricken; **2. Reihe (Rückreihe):** Randmasche, * 2 Maschen links zusammenstricken, dabei die Maschen auf der linken Nadel lassen und die 2. Masche auf der linken Nadel nochmals links abstricken. Dann beide Maschen von der Nadel gleiten lassen, ab * stets wiederholen, enden mit Randmasche; **3. Reihe (Hinreihe):** wie die 1. Reihe; **4. Reihe (Rückreihe):** Randmasche, 1 Masche links, nun ab * wie in der 2. Reihe arbeiten, enden mit 1 Masche links, Randmasche. Die 1.–4. Reihe stets wiederholen.

**MASCHENPROBE IM RIPPENMUSTER**
14 Maschen und 21 Reihen = 10 x 10 cm
**MASCHENPROBE IM NETZMUSTER**
14 Maschen und 18 Reihen = 10 x 10 cm

**Hinweis:** Das 1. Knäuel von außen nach innen, das nächste von innen nach außen, das folgende Knäuel wieder von außen nach innen usw. abstricken.

## MATERIAL
- Woolly Hugs CLOUD
  (94 % Schurwolle Merino, 6 % Polyamid, Lauflänge ca. 300 m/100 g)
  von L&K (www.VeronikaHug.com):
  400 (500) g Blau-Color (Farbe Nr. 183)
- Stricknadeln Nr. 5,5–6,5

## SO WIRD´S GEMACHT

Am unteren Rand des Rückenteils beginnend 70 (84) Maschen anschlagen und 7,5 cm = 16 Reihen im Rippenmuster stricken. Anschließend über den mittleren 58 (72) Maschen im Netzmuster weiterarbeiten und beidseits über je 6 Maschen das Rippenmuster fortführen. In dieser Einteilung 68 cm = 124 Reihen (73 cm = 134 Reihen) stricken, dabei beidseitig in jeder 2. Reihe nach bzw. vor dem Rippenmuster 1 Masche verschränkt aus dem Querfaden zunehmen = 194 (218) Maschen.

Nun beidseitig 12 Maschen neu dazu anschlagen und über diese 218 (242) Maschen für die Blende 14 cm = 30 Reihen im Rippenmuster stricken. Anschließend alle Maschen locker abketten.

**Kapuze:** Das Knäuel von innen nach außen abstricken. 80 Maschen anschlagen und 41 cm = 74 Reihen im Netzmuster stricken. Nun beidseitig je 32 Maschen stilllegen und über den mittleren 16 Maschen mustergemäß weiterstricken. Beidseitig in jeder Reihe die Randmasche mit einer der stillgelegten Maschen mustergemäß zusammenstricken, bis alle Maschen aufgebraucht sind. Für die vordere Kapuzenblende beidseitig zu den vorhanden 16 Maschen je 42 Maschen aus den Randmaschen auffassen und über diese 100 Maschen im Rippenmuster arbeiten. Nach 7,5 cm = 16 Reihen alle Maschen locker abketten.

**Fertigstellung:** Die Seitennähte laut den Zeichen im Schnitt schließen. Die Anschlagkante der Kapuze auf die rückwärtige Kante der im Tragen oberen Blende nähen (siehe Schnitt).

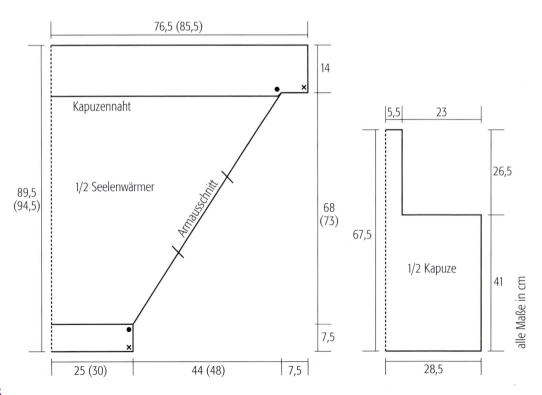

# SALZBURG

## ZOPFPULLI, GRÖSSE: 36–38 (40–42) 44–46

**Hinweis:** Die Angaben für Größe 36–38 stehen vor der Klammer, für Größe 40–42 in der Klammer und für Größe 44–46 nach der Klammer. Gibt es nur eine Angabe, so gilt diese für alle Größen.

## MUSTER

**Glatt rechts:** Hinreihe rechte, Rückreihe linke Maschen stricken.

**Zopfstreifen (über 33 Maschen):** Laut Strickschrift arbeiten. Es sind nur die Hinreihen gezeichnet, in den Rückreihen die Maschen stricken, wie sie erscheinen. In der Breite die gezeichneten Maschen je 1 x arbeiten, in der Höhe die 1.–12. Reihe stets wiederholen.

### MASCHENPROBE GLATT RECHTS

14 Maschen und 20 Reihen = 10 x 10 cm;
1 Zopfstreifen = 16 cm breit

## SO WIRD´S GEMACHT

**Rückenteil:** 68 (74) 80 Maschen anschlagen und für die Blende 1 Rückreihe rechte Maschen stricken. Anschließend glatt rechts weiterarbeiten. Für die Taillenschrägung beidseitig 2 x in jeder 26. Reihe je 1 Masche abnehmen = 64 (70) 76 Maschen. Für den Raglanausschnitt nach 40 (43) 46 cm ab Blende beidseitig 1 x 2 Maschen abketten = 60 (66) 72 Maschen. Anschließend für die Raglanschrägungen beidseitig 20 (22) 24 x in jeder 2. Reihe je 1 Masche abnehmen. Dafür am rechten Rand die 2. und 3. Masche rechts zusammenstricken, am linken Rand die 3.- und 2.-letzte Masche rechts zusammenstricken. Die restlichen 20 (22) 24 Maschen nach 20 (22) 24 cm Raglanhöhe für den rückwärtigen Halsausschnitt gerade abketten.

## MATERIAL

• Woolly Hugs SHEEP (50 % Wolle, Merino extrafein, 28 % Baumwolle, 22 % Polyamid, Lauflänge ca. 110 m/50 g) von L&K (www.VeronikaHug.com): 400 (450) 500 g Creme (Farbe Nr. 05)
• 1 Rundstricknadel Nr. 6–7
• 1 Zopfnadel
• 1 Häkelnadel Nr. 5–6

**Vorderteil:** 75 (81) 87 Maschen anschlagen und die Blende wie am Rückenteil arbeiten. Anschließend wie folgt weiterarbeiten: Randmasche, 20 (23) 26 Maschen glatt rechts, 33 Maschen Zopfmuster, 20 (23) 26 Maschen glatt rechts, Randmasche. Den Raglanausschnitt in gleicher Höhe wie am Rückenteil ausführen = 71 (77) 83 Maschen. Anschließend für die Raglanschrägungen beidseitig 18 (20) 22 x in jeder 2. Reihe je 1 Masche abnehmen. Dazwischen für den Schlitz

nach der 6. (7.) 8. Raglanabnahme die mittlere Masche abketten und beide Seiten getrennt beenden. In der 1. Reihe an der inneren Kante jeweils die Randmasche zunehmen. Nach der letzten Raglanabnahme die restlichen 18 (19) 20 Maschen abketten.

**Linker Ärmel:** 44 (49) 54 Maschen anschlagen und die Blende wie am Rückenteil arbeiten. Anschließend glatt rechts weiterarbeiten. Für die Ärmelschrägungen ab Blende beidseitig 2 x in jeder 8. Reihe je 1 Masche zunehmen = 48 (53) 58 Maschen. Für den Raglanausschnitt nach 10 cm ab Blende beidseitig 1 x 2 Maschen abketten = 44 (49) 54 Maschen. Anschließend die Raglanschrägung am rechten Rand wie beim Rückenteil und am linken Rand wie beim Vorderteil arbeiten = 6 (7) 8 Maschen. Nach der letzten Abnahme am linken Rand für den Halsausschnitt in jeder 2. Reihe 1 x 4 (5) 6 und 1 x 2 Maschen abketten. Danach sind alle Maschen aufgebraucht.

**Rechter Ärmel:** Gegengleich arbeiten. Das heißt, die Abnahmen am rechten Rand wie beim Vorderteil und am linken Rand wie beim Rückenteil ausführen.

**Fertigstellung:** Raglan-, Seiten- und Ärmelnähte schließen. Für die Kapuze aus dem Halsausschnitt mit der Rundstricknadel 60 (62) 64 Maschen auffassen und glatt rechts stricken. Die beiden mittleren Maschen am Hinterkopf markieren und für die Kapuzenform 5 x in jeder 4. Reihe beidseits der markierten Maschen je 1 Masche zunehmen = 70 (72) 74 Maschen. Nach 26 (27) 28 cm ab Auffassen die Arbeit in der Mitte teilen und die beiden Hälften getrennt beenden. Für die Kopfrundung jeweils am Teilungsrand in jeder 2. Reihe 3 x je 1, 2 x je 2, 2 x je 3, 1 x 4 und 1 x 6 Maschen abketten. Die restlichen Maschen in der folgenden 2. Reihe auf einmal abketten. Abkettkanten gegeneinanderlegen und schließen. Den vorderen Kapuzenrand einschließlich der Schlitzkanten mit 1 Reihe Krebsmaschen (= feste Maschen von links nach rechts) umhäkeln.

# STRICKSCHRIFT

|  |  | 11 |
|---|---|---|
|  |  | 9 |
|  |  | 7 |
|  |  | 5 |
|  |  | 3 |
|  |  | 1 |

MS

# ZEICHENERKLÄRUNG

□ = 1 Masche rechts

⊟ = 1 Masche links

= 4 Maschen nach rechts verzopfen (= 2 Maschen auf 1 Zopfnadel hinter die Arbeit legen, die folgenden 2 Maschen rechts stricken, dann die 2 Maschen der Zopfnadel rechts stricken)

= 4 Maschen nach links verzopfen (= 2 Maschen auf 1 Zopfnadel vor die Arbeit legen, die folgenden 2 Maschen rechts stricken, dann die 2 Maschen der Zopfnadel rechts stricken)

MS = Mustersatz

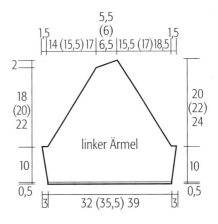

linker Ärmel

5,5 (6)
1,5 | 14 (15,5) 17 | 6,5 | 15,5 (17) 18,5 | 1,5
2
18 (20) 22
20 (22) 24
10 | 10
0,5 | 0,5
3 | 32 (35,5) 39 | 3

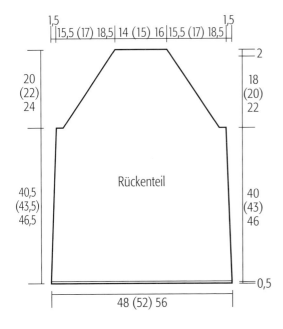

Rückenteil

1,5 | 15,5 (17) 18,5 | 14 (15) 16 | 15,5 (17) 18,5 | 1,5
2
20 (22) 24
18 (20) 22
40,5 (43,5) 46,5
40 (43) 46
0,5
48 (52) 56

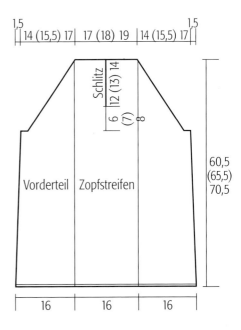

Vorderteil | Zopfstreifen

1,5 | 14 (15,5) 17 | 17 (18) 19 | 14 (15,5) 17 | 1,5
Schlitz
12 (13) 14
6 (7) 8
60,5 (65,5) 70,5
16 | 16 | 16

# GRUNDKURS STRICKEN

### RECHTS VERSCHRÄNKTE MASCHE

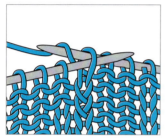

Von vorn nach hinten in das hintere Maschenglied einstechen und wie beim Rechtsstricken weiterarbeiten.

### LINKS VERSCHRÄNKTE MASCHE

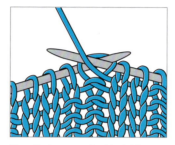

Den Faden vor die Nadel legen, von hinten nach vorn in das hintere Maschenglied einstechen und wie zum Linksstricken weiterarbeiten.

### ZUNAHME RECHTS VERSCHRÄNKT AUS DEM QUERFADEN

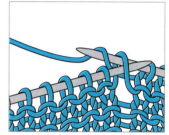

Den Querfaden zwischen 2 Maschen mit der linken Nadel von vorn nach hinten aufnehmen. In den hinteren Schlingenteil einstechen. Der Arbeitsfaden liegt hinten. Faden durchholen. Den aufgenommenen Querfaden von der linken Nadel gleiten lassen.

### MASCHEN NEU DAZU ANSCHLAGEN

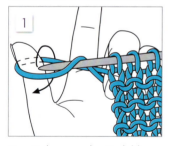

Den Faden von der Nadel kommend von hinten nach vorn um den Daumen legen und festhalten. Mit der rechten Nadel von vorn nach hinten in die Schlinge stechen und den hinteren Faden fassen.

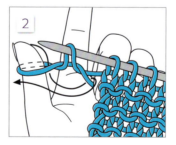

Den Faden zur Schlinge durchziehen, den Daumen aus der Schlinge nehmen und den Faden anziehen, sodass eine neue Masche entsteht. Erneut den Faden mit dem Daumen aufnehmen und fortfahren wie oben beschrieben.

### ZUNAHME LINKS VERSCHRÄNKT AUS DEM QUERFADEN

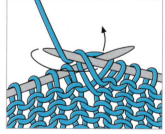

Den Querfaden zwischen 2 Maschen mit der linken Nadel von vorn nach hinten aufnehmen. Den Arbeitsfaden nach vorne legen. Von links nach rechts in den hinteren Schlingenteil einstechen und den Faden durchholen. Den aufgenommenen Querfaden von der linken Nadel gleiten lassen.

## MASCHEN AUFFASSEN

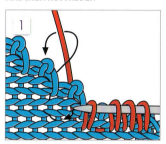

Werden die Maschen am Reihen-anfang oder -ende aufgefasst, mit der Nadel das außen liegen-de Maschenglied der 1. Masche nach der Randmasche erfassen und den Faden durchholen. Bei längeren Geraden ca. jede 4. Rei-he übergehen.

Werden die Maschen an der Anschlag- oder Abkettkante auf-gefasst, in die Masche unterhalb der Kante einstechen und den Faden durchholen. Hier wird aus jeder Masche eine Masche her-ausgestrickt.

## 2 MASCHEN ÜBERZOGEN ZUSAMMENSTRICKEN

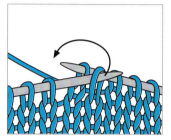

Einfacher Überzug: 1 Masche wie zum Rechtsstricken abheben, die folgende Masche rechts stricken und die abgehobene Masche darüberziehen.

## VERZOPFUNG NACH LINKS

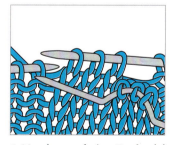

3 Maschen auf eine Zopfnadel nehmen und vor die Arbeit legen. Die folgenden 3 Maschen der linken Nadel rechts stricken, dann die 3 Maschen der Zopfna-del rechts stricken.

## VERZOPFUNG NACH RECHTS

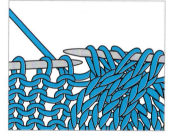

3 Maschen auf die Zopfnadel nehmen und hinter die Arbeit legen, die folgenden 3 Maschen der linken Nadel rechts stricken, dann die 3 Maschen der Zopfna-del rechts stricken.

## 3 MASCHEN ÜBERZOGEN ZUSAMMENSTRICKEN

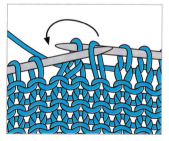

Doppelter Überzug: Eine Ma-sche wie zum Rechtsstricken ab-heben und die beiden folgen-den Maschen rechts zusammen-stricken. Dann die abgehobene Masche über die zusammenge-strickten Maschen ziehen.

# IMPRESSUM

**Autorin:**
Veronika Hug
**Design & Realisation:**
Veronika Hug, Silvia Jäger, Gabriele Strupp
**Fotos & Styling:**
Florian Bilger Fotodesign
**Produktmanagement & Redaktion:**
Maria Möllenkamp
**Lektorat:**
Johanna Heiß
**Korrektorat:**
Margit Huber
**Covergestaltung:**
RTK & SRS mediagroup GmbH
**Satz:**
CREALOOP Elke Monse
**Reproduktion:**
RTK & SRS mediagroup GmbH
**Druck und Verarbeitung:**
print factory istanbul
Göztepe Mah. İnönü Cad. No:74/A
34214 Mahmutbey - Bağcılar / İstanbul
Türkei

© 2018 Christophorus Verlag GmbH & Co. KG
EIN BUCH DER CHRISTOPHORUS VERLAG GmbH
& Co. KG
Römerstraße 90
D-79618 Rheinfelden
buchverlag@c-verlag.de

ISBN 978-3-8410-6517-9
Art.-Nr. 6517

1. Auflage 2018

## Kreativ-Service

Sie haben Fragen zu den Büchern und Materialien? Frau Erika Noll ist für Sie
da und berät Sie rund um alle Kreativthemen. Rufen Sie an! Wir interessieren
uns auch für Ihre eigenen Ideen und Anregungen. Sie erreichen Frau Noll per
E-Mail: **mail@kreativ-service.info** oder Tel.: **+49 (0) 5052 / 91 18 58**

**Besuchen Sie uns im Internet: www.christophorus-verlag.de**

# GESTALTE DEINE WELT!

**CraSy Mosaik**
€ [D] **16,99** / € [A] 17,50*
ISBN 978-3-8410-6459-2

**Seelenwärmer, Shrugs & Co.**
€ [D] **9,99** / € [A] 10,30*
ISBN 978-3-8410-6377-9

**Rucksäcke nähen**
€ [D] **14,99** / € [A] 15,50*
ISBN 978-3-8410-6451-6

**Fantastische Tropen**
€ [D] **12,99** / € [A] 13,40*
ISBN 978-3-86230-323-6

**Fantastische Natur**
€ [D] **12,99** / € [A] 13,40*
ISBN 978-3-86230-362-5

**Wecke deine Kreativität!**
€ [D] **19,99** / € [A] 20,60*
ISBN 978-3-86230-398-4

**Das Kindergarten-Bastelbuch**
€ [D] **14,99** / € [A] 15,50*
ISBN 978-3-8388-3615-7

**Raffinierte Papierideen**
€ [D] **9,99** / € [A] 10,30*
ISBN 978-3-8388-3608-9

**Just Bead It!**
€ [D] **9,99** / € [A] 10,30*
ISBN 978-3-8388-3666-9

*vom österreichischen Importeur preisgebunden

www.christophorus-verlag.de